チャート式®
シリーズ

中学 英語

1年

準拠ドリル

JN026672

数研出版
https://www.chart.co.jp

本書の特長と構成

本書は「チャート式シリーズ 中学英語 1 年」の準拠問題集です。
本書のみでも学習可能ですが，参考書とあわせて使用することで，さらに力がのばせます。

特長

1. チェック→トライ→チャレンジの 3 ステップで，段階的に学習できます。

2. 巻末のテストで，学年の総まとめができます。

3. 参考書の対応ページを掲載。わからないときやもっと詳しく知りたいときにすぐに参照できます。

構成

1 項目あたり見開き 2 ページです。

チェック
基本問題です。ここで単元の要点を確認しましょう。

ポイント
チャート式シリーズ参考書の項目番号です。

ポイント
色のついた部分は特に大事なので，おさえておきましょう。

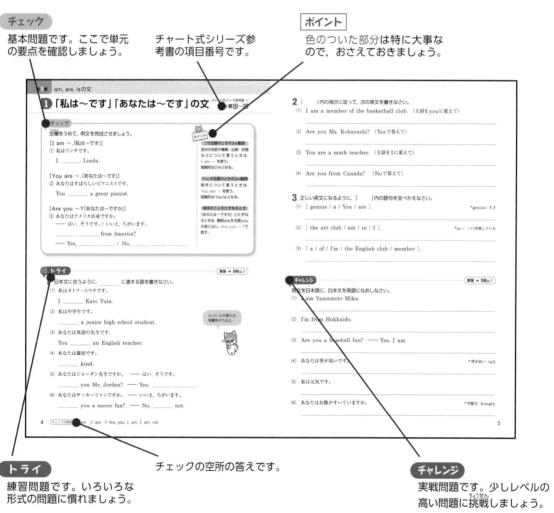

トライ
練習問題です。いろいろな形式の問題に慣れましょう。

チェックの空所の答えです。

チャレンジ
実戦問題です。少しレベルの高い問題に挑戦しましょう。

確認問題 数項目ごとに学習内容が定着しているか確認する問題です。

まとめテスト 学年の総まとめを行うテストです。

もくじ

一緒に がんばろう！

数研出版公式キャラクター
数犬 チャ太郎

3

1 「私は〜です」「あなたは〜です」の文

チャート式シリーズ参考書 》
第1章 1 〜 3

✏️ チェック

空欄(くうらん)をうめて，例文を完成させましょう。

【I am 〜.「私は〜です」】

① 私はリンダです。

I _____ Linda.

【You are 〜.「あなたは〜です」】

② あなたはすばらしいピアニストです。

You _____ a great pianist.

【Are you 〜?「あなたは〜ですか」】

③ あなたはアメリカ出身ですか。

—— はい，そうです。/ いいえ，ちがいます。

_____ _____ from America?

—— Yes, _____ _____. / No, _____ _____ _____.

> **ポイント**
>
> **Iが主語のときのbe動詞**
> 自分の名前や職業・出身・状態などについて言うときは，I am 〜.を使う。
> 短縮形はI'mとなる。
>
> **Youが主語のときのbe動詞**
> 相手について言うときは，You are 〜.を使う。
> 短縮形はYou'reとなる。
>
> **相手のことをたずねるとき**
> 「あなたは〜ですか」とたずねるときは，動詞areを主語youの前に出し，Are you 〜?で表す。

✋ トライ

解答 ➡ 別冊p.1

1 日本文に合うように，_____ に適する語を書きなさい。

(1) 私はカトウ・ユウタです。

I _____ Kato Yuta.

(2) 私は中学生です。

_____ a junior high school student.

(3) あなたは英語の先生です。

You _____ an English teacher.

(4) あなたは親切です。

_____ kind.

(5) あなたはジョーダン先生ですか。　—— はい，そうです。

_____ you Mr. Jordan?　—— Yes, _____ _____.

(6) あなたはサッカーファンですか。　—— いいえ，ちがいます。

_____ you a soccer fan?　—— No, _____ not.

> (2), (4), (6)の答えは，短縮形が入るよ。

チェックの解答　① am　② are　③ Are, you, I, am, I, am, not

2 (　　　) 内の指示に従って，次の英文を書きなさい。

(1) I am a member of the basketball club. （主語を you に変えて）

_____

(2) Are you Ms. Kobayashi? （Yes で答えて）

_____

(3) You are a math teacher. （主語を I に変えて）

_____

(4) Are you from Canada? （No で答えて）

_____

3 正しい英文になるように，[　　　] 内の語句を並べかえなさい。

(1) [genius / a / You / are].　　　　　　　　　　*genius：天才

_____

(2) [the art club / am / in / I].　　　　　　　*in 〜：〜に所属している

_____

(3) [a / of / I'm / the English club / member].

_____

💬 **チャレンジ** ·· 解答 ➡ 別冊 p.1

英文を日本語に，日本文を英語になおしなさい。

(1) I am Yamamoto Mika.

_____

(2) I'm from Hokkaido.

_____

(3) Are you a baseball fan? —— Yes, I am.

_____

(4) あなたは背が高いです。　　　　　　　　　　　　　*背が高い：tall

_____

(5) 私は元気です。

_____

(6) あなたはお腹がすいていますか。　　　　　　　　*空腹な：hungry

_____

5

2 「これは〜です」「あれは〜です」の文

チャート式シリーズ参考書 >>
第1章 4 〜 6

チェック

空欄(くうらん)をうめて，例文を完成させましょう。

【This is 〜.「これは〜です」】

① これは私の学校です。

　　_____ _____ my school.

【Is that 〜?「あれは〜ですか」】

② あれはあなたのボールですか。
　　── はい，そうです。／ いいえ，ちがいます。

　　_____ _____ your ball?

　　── Yes, _____ _____. ／

No, _____ _____ _____.

【What is 〜?「〜は何ですか」】

③ これは何ですか。
　　── それは私のギターです。

　　_____ is this?

　　── _____ is my guitar.

ポイント

this と that

This is 〜.は近く，That is 〜.は遠くのものや人について言うときの表現。That isの短縮形は That's となる。

this / that が主語の疑問文

動詞isを主語のthis / thatの前に出す。
答えるときはthis / thatをitに変え，「はい」なら Yes, it is.，「いいえ」なら No, it is not.となる。(No, it isn't. / No, it's not.と答えてもよい。)

「何ですか」とたずねる文

〈What＋疑問文〉で表す。
答えるときは，〈It is (具体的なものごと).〉の形で答える。

トライ

解答 ➡ 別冊p.1

1 日本文に合うように，_____ に適する語を書きなさい。

(1) あれは私の傘(かさ)です。

　　_____ my umbrella.

(2) こちらはホワイト先生です。

　　_____ _____ Mr. White.

(3) これはあなたの自転車ですか。　── はい，そうです。

　　_____ _____ your bike?　── _____ , _____ _____.

(4) あれはイヌですか。　── いいえ，ちがいます。

　　_____ _____ a dog?　── _____ , _____ _____ _____.

(5) あれは何ですか。　── 私のバッグです。

　　_____ that?　── _____ my bag.

答えるとき, this や that の代わりに使う単語があったよね。

チェックの解答 ① This, is ② Is, that, it, is, it, is, not ③ What, It

2 （　　）内の指示に従って，次の英文を書きなさい。

(1) That is a dog. （疑問文に）

_____

(2) This is your notebook. （疑問文に）

_____

(3) Is this your eraser? （Noで答えて）   *eraser：消しゴム

_____

(4) Is that your pen? （Yesで答えて）

_____

3 次の英文を，下線部をたずねる疑問文に書きかえなさい。

(1) This is an apple. → _____ is _____ ?

(2) That is a hospital. → _____ is that?

(3) That is my camera. → _____ that?

(4) This is your cake. → _____ _____ this?

「これ（あれ）は何ですか。」とたずねる文にするよ。

💬 **チャレンジ** ·· 解答 ➡ 別冊p.1

英文を日本語に，日本文を英語になおしなさい。

(1) This is Lisa.

_____

(2) Is that a library?　── No, it isn't. It's a school.

_____

(3) What's that?　── It's Tokyo Station.

_____

(4) これは卵です。

_____

(5) あれはあなたのラケットですか。　── はい，そうです。

_____

(6) これは何ですか。　── それは天ぷらです。   *天ぷら：tempura

_____

3 「彼は〜です」「彼女は〜です」の文

チャート式シリーズ参考書 》
第1章 7 〜 9

✅ チェック

空欄（くうらん）をうめて，例文を完成させましょう。

【She is 〜.「彼女は〜です」】

① こちらはエミです。彼女は私の友達です。

　　This is Emi. ＿＿＿＿ ＿＿＿＿ my friend.

【Is he 〜?「彼は〜ですか」】

② 彼はやさしいですか。

　　—— はい，やさしいです。/ いいえ，やさしくありません。

　　＿＿＿＿ ＿＿＿＿ kind?

　　—— Yes, ＿＿＿＿ ＿＿＿＿. /

　　No, ＿＿＿＿ ＿＿＿＿ ＿＿＿＿.

【Who is 〜?「〜はだれですか」】

③ あの女の子はだれですか。　—— 彼女はアンです。

　　＿＿＿＿ is that girl? —— ＿＿＿＿ is Ann.

> **ポイント**
>
> **he / sheの使い方**
> 前に話題に出てきた人について言うときは，主語（名前など）をhe（彼）やshe（彼女）にして，He is 〜. / She is 〜. で表す。短縮形は He's / She's となる。
>
> **he / sheが主語の疑問文**
> 「彼/彼女は〜ですか」とたずねるときは，be動詞isを主語he，sheの前に出し，Is he 〜? / Is she 〜?で表す。
>
> **「だれですか」とたずねるとき**
> 〈Who＋疑問文〉で表す。
> 答えるときは，〈He / She is（名前）.〉の形で答える。

✏️ トライ

解答 ➡ 別冊p.1

1 日本文に合うように，＿＿＿＿ に適する語を書きなさい。

(1) こちらは私の姉です。彼女は医師です。

　　This is my sister. ＿＿＿＿ ＿＿＿＿ a doctor.

(2) あちらはジョージです。彼は私の親友です。

　　That is George. ＿＿＿＿ my best friend.

(3) 彼はテニス選手です。

　　＿＿＿＿ ＿＿＿＿ a tennis player.

(4) あの女性はだれですか。　—— 彼女は私の母です。

　　＿＿＿＿ that woman?　—— ＿＿＿＿ ＿＿＿＿ my mother.

(5) アキラとはだれですか。　—— 彼は私の兄です。

　　＿＿＿＿ Akira?　—— ＿＿＿＿ my brother.

> (2), (5) 答えは短縮形を使うよ。
> (3) 1人の人が主語のときのbe動詞は何かな？

2 （　　　）内の指示に従って，次の英文を書きなさい。

(1) I'm a singer. （主語を「彼」に変えて）

_____

(2) Is Mr. Maeda a good dancer? （Yesで答えて）

_____

(3) You are always funny. （主語を「彼女」に変えて）　　　*funny：おもしろい

_____

(4) Who's Kenji? （「私の兄です。」と答えて）

_____

3 正しい英文になるように，［　　　］内の語句を並べかえなさい。

(1) This is Kate. ［ my / She / sister / is ］.

_____

(2) This is Mr. Takagi. ［ an / is / English / He / teacher ］.

_____

(3) ［ Shizuoka / He / now / is / in ］.

_____

💬 チャレンジ ·· 解答 ➡ 別冊p.2

英文を日本語に，日本文を英語になおしなさい。

(1) This is my father. He is a math teacher.

_____

(2) She is a pianist.

_____

(3) Who is that man? —— He is Kei.

_____

(4) 彼女はサッカー選手ですか。 —— はい，そうです。

_____

(5) 彼は大阪出身です。

_____

(6) アミ（Ami）とはだれですか。 —— 彼女は私のクラスメイトです。　　*クラスメイト：classmate

_____

4 「〜ではありません」の文

チャート式シリーズ参考書 >>
第1章 ⑩

チェック

空欄をうめて，例文を完成させましょう。

【I am not 〜.「私は〜ではありません」】

① 私は歌手ではありません。

I _____ _____ a singer.

ポイント

am, are, isの否定文
am / are / isのあとにnotを置く。

トライ

解答 ➡ 別冊p.2

1 日本文に合うように，_____ に適する語を書きなさい。

(1) 私は教師ではありません。

I _____ _____ a teacher.

(2) あなたは高校生ではありません。

You _____ _____ a high school student.

(3) あれは私の自転車ではありません。

That _____ _____ my bike.

(4) これは重要なことではありません。

This _____ _____ an important thing.

(5) 彼はブラウンさんではありません。

He's _____ Mr. Brown.

(6) 彼女は京都出身ではありません。

_____ not from Kyoto.

(7) 田中さんは今週忙しくありません。

Ms. Tanaka _____ busy this week.

(8) 私は今忙しくありません。

I'm _____ busy now.

(9) 私の父は会社員ではありません。

My father _____ an office worker.

(10) ジョージは悲しんでいません。

George _____ sad.

are notはaren't,
is notはisn'tと短縮できるけど，am notは短縮できないよ。

(5) 〜 (10) は，どこが短縮されているか，____の前後をよく読んでね。

チェックの解答 ① am, not

2 （　　）内の指示に従って，次の英文を書きなさい。

(1) My father is tall. （否定文に）

_____

(2) This is a bat. （否定文に）

_____

(3) She's not happy. （肯定文に）

_____

(4) I'm not hungry. （肯定文に）

_____

3 正しい英文になるように，[　　　]内の語句を並べかえなさい。

(1) [is / a / That / not / dog].

_____

(2) [not / is / astronaut / Mr. Aoki / an].　　　　　*astronaut：宇宙飛行士

_____

(3) [isn't / English / an / teacher / She].

_____

🗨 **チャレンジ** ･･････････････････････････････････････ 解答 ➡ 別冊p.2

英文を日本語に，日本文を英語になおしなさい。

(1) This is not my textbook.

_____

(2) I'm not Yamada Mika.

_____

(3) He's not tired.　　　　　　　　　　　　　　　　*tired：疲れている

_____

(4) 彼女は怒っていません。　　　　　　　　　　　　*怒っている：angry

_____

(5) これは地図ではありません。　　　　　　　　　　*地図：map

_____

(6) あれはイルカではありません。　　　　　　　　　*イルカ：dolphin

_____

11

5 一般動詞の文・疑問文・否定文

チャート式シリーズ参考書 ≫
第2章 [11]〜[15]

チェック

空欄をうめて、例文を完成させましょう。

【I like 〜.「私は〜が好きです」】

① 私は刺身が好きです［私は刺身を好みます］。

I ＿＿＿＿ sashimi.

【Do you like 〜?「あなたは〜が好きですか」】

② あなたはテニスが好きですか。

  —— はい、好きです。/ いいえ、好きではありません。

＿＿＿＿ you ＿＿＿＿ tennis?

  —— Yes, I ＿＿＿＿ . / No, I ＿＿＿＿ .

【What do you 〜?「あなたは何を〜しますか」】

③ あなたは朝食に何を食べますか。

  —— 私はパンを食べます。

＿＿＿＿ ＿＿＿＿ you ＿＿＿＿ for breakfast?

  —— I ＿＿＿＿ bread.

【Where do you 〜?「あなたはどこで〜しますか」】

④ あなたはどこでサッカーをしますか。

  —— 私は公園でサッカーをします。

＿＿＿＿ ＿＿＿＿ you ＿＿＿＿ soccer?

  —— I ＿＿＿＿ soccer in the park.

【I don't like 〜.「私は〜が好きではありません」】

⑤ 私は冷たいお茶が好きではありません。

I ＿＿＿＿ ＿＿＿＿ cold tea.

ポイント

一般動詞とは

下記のような、動作や状態を表す動詞のこと。
- like (〜が好きだ、〜を好む)
- have (〜を持っている、〜を食べる)
- eat (〜を食べる)
- want (〜がほしい)
- speak (〜を話す)
- play ([スポーツ]をする、[楽器]を演奏する)
- go (行く)

一般動詞の疑問文

主語がyouの場合は、youの前にdoを置き、〈Do you + 一般動詞 〜?〉となる。
答えが「はい」ならYes, I do.,「いいえ」ならNo, I don't.で答える。

「何を〜しますか」の文

〈What +疑問文〉で表す。

「どこで〜しますか」の文

〈Where +疑問文〉で表す。

一般動詞の否定文

「〜しません」という否定文にしたいときは、動詞の前にdon't[do not]を置く。

トライ

解答 ➡ 別冊p.2

1 日本文に合うように、＿＿＿＿ に適する語を書きなさい。

(1) 私は新しいラケットがほしいです。

  I ＿＿＿＿ a new racket.

(2) あなたはバッグを持っていますか。 —— いいえ、持っていません。

  ＿＿＿＿ you ＿＿＿＿ a bag? —— No, I ＿＿＿＿ .

(3) あなたはコンビニで何を買いますか。

  ＿＿＿＿ do you ＿＿＿＿ at a convenience store?

いろいろな一般動詞を調べて使ってみよう。

チェックの解答 ① like ② Do, like, do, don't ③ What, do, eat[have], eat[have]
④ Where, do, play, play ⑤ don't, like

2 （　　　）内の指示に従って，次の英文を書きなさい。

(1) I like spicy food. （否定文に）　　　　　　　　　　　　　*spicy：辛い

_____

(2) You have a key. （疑問文に）

_____

(3) I don't speak Japanese at home. （肯定文に）

_____

(4) You play basketball. （どこでするのかを問う疑問文に）

_____

3 正しい英文になるように，[　　　]内の語句を並べかえなさい。

(1) [curry and rice / like / you / Do]?

_____

(2) [a / don't / I / have / piano].

_____

(3) [want / do / for a present / you / What]?　　　*for a present：プレゼントに

_____

💠 チャレンジ ・・ 解答 ➡ 別冊p.2

英文を日本語に，日本文を英語になおしなさい。

(1) I live in Aomori.

_____

(2) You walk very fast.　　　　　　　　　　　　　　　*fast：速い

_____

(3) Do you know this song?

_____

(4) あなたは日本語をとても上手に話します。　　　　　*とても上手に：very well

_____

(5) 私は野菜が好きではありません。　　　　　　　　　*野菜：vegetable(s)

_____

(6) あなたはどこで英語を勉強しますか。

_____

1 正しい英文になるように，[　　　]の中から適切なものを選びなさい。

(1) I [am / is / are] a good student.

(2) Misa [don't / isn't / aren't] my cousin.　　*cousin：いとこ

(3) You [don't / isn't / aren't] have a bicycle.　　*bicycle：自転車

(4) [Do / Is / Are] your mother a doctor?

(5) What [do / is / are] you want for your birthday?

2 次の日本文の意味に合うように，＿＿＿＿ に適する語を入れなさい。

(1) これは私のギターです。

＿＿＿＿ ＿＿＿＿ my guitar.

(2) あなたはニュージーランド出身ですか。

＿＿＿＿ ＿＿＿＿ ＿＿＿＿ New Zealand?

(3) あなたはバスケットボールが好きですか。

＿＿＿＿ ＿＿＿＿ ＿＿＿＿ basketball?

(4) 私はピザが好きではありません。

I ＿＿＿＿ ＿＿＿＿ pizza.

(5) あれは何ですか。

＿＿＿＿ ＿＿＿＿ ?

3 次の対話文が成立するように，(　　　)内の指示に従って英文を完成させなさい。

(1) A：Do you like *natto*?　（Yesで答えて）

B：＿＿＿＿＿＿＿＿＿＿＿＿＿＿＿＿＿＿＿＿＿ .

(2) A：Do you use a dictionary?　（Noで答えて）　　*dictionary：辞書

B：＿＿＿＿＿＿＿＿＿＿＿＿＿＿＿＿＿＿＿＿＿ .

(3) A：＿＿＿＿＿＿＿＿＿＿＿＿＿＿＿＿＿＿＿ ?　（「教師ですか」とたずねる文に）

B：No, he isn't.　He's a doctor.

(4) A：＿＿＿＿＿＿＿＿＿＿＿＿＿＿＿＿＿＿＿ ?　（「いつ」とたずねる文に）

B：I play baseball after school.　　*after school：放課後

(5) A：＿＿＿＿＿＿＿＿＿＿＿＿＿＿＿＿＿＿＿ ?　（「どこで」とたずねる文に）

B：I play the piano in the music room.

4 次の英文を日本語になおしなさい。

(1) I live in Japan.

_____

(2) I don't speak English at home.

_____

(3) Is that a zoo? *zoo：動物園

_____

(4) He is a rugby player.

_____

(5) Do you like music?

_____

5 正しい英文になるように，[　　　]内の語句を並べかえなさい。ただし，使わない語がひとつあります。

(1) [my / is / She / best / does / friend].

_____

(2) [you / When / breakfast / are / have / do]?

_____

(3) [go / you / school / How / to / do / are]? *how：どのように

_____

(4) [have / I / question / am / a].

_____

(5) [is / this week / You / busy / He].

_____

6 次の日本文を英語になおしなさい。

(1) こちらは私の父です。

_____

(2) 私はコーヒーを飲みません。 *コーヒー：coffee

_____

(3) あなたは日本食が好きですか。 *日本食：Japanese food

_____

(4) あなたはいつ英語を勉強しますか。

_____

6 canの文・疑問文・否定文

チェック

空欄をうめて，例文を完成させましょう。

【I can ～.「私は～できます」】
① 私は中国語を話すことができます。

I _____ speak Chinese.

【Can he ～?「彼は～できますか」】
② 彼は自転車に乗れますか。
　── はい，乗れます。/ いいえ，乗れません。

_____ he ride a bike?
　── Yes, he _____. / No, he _____.

【Where can I ～?「どこで私は～できますか」】
③ パンはどこで買えますか。
　── あの店で買えます。

_____ _____ I buy bread?
　── You _____ buy it at that store.

【He can't ～.「彼は～できません」】
④ 彼は車を運転することができません。

He _____ drive a car.

ポイント

助動詞can
「～できる」と能力・可能を表すときは〈can+動詞の原形〉を使う。

canの疑問文
canを主語の前に出す。答えるときは，〈Yes,+主語+can.〉または〈No,+主語+can't[cannot].〉で表す。

疑問詞で始まるcanの疑問文
「どこで～することができますか」などの疑問文は，〈疑問詞+canの疑問文〉で表す。

canの否定文
canの否定形can't[cannot]を動詞の前に置く。

トライ

解答 ➡ 別冊p.3

1 日本文に合うように，_____ に適する語を書きなさい。

(1) 彼女は速く泳ぐことができます。

She _____ swim fast.

canは，主語が何であっても形は変わらないよ。

(2) 彼はアップルパイを作ることができますか。 ── はい，作れます。

_____ he make an apple pie? ── Yes, he _____.

(3) パンダはどこで見られますか。 ── 上野動物園で見られます。

_____ _____ _____ see pandas?
　── You _____ see them at Ueno Zoo.

(4) 私はスキーをすることができません。

I _____ ski.

チェックの解答 ① can ② Can, can, can't[cannot] ③ Where, can, can ④ can't[cannot]

2 ( )内の指示に従って，次の英文を書きなさい。

(1) She can't draw pictures very well. （肯定文に）　　　*draw pictures：絵をかく

_____

(2) Mr. Smith can play the violin. （疑問文に）

_____

(3) Tom can use this computer. （否定文に）

_____

(4) Can you read English books? （Yesで答えて）

_____

3 正しい英文になるように，[ ]内の語句を並べかえなさい。

(1) [can / You / it / do].

_____

(2) [I / can / How / buy / ticket / a]?　　　*ticket：切符

_____

(3) [Can / me / you / hear]?

_____

💬 チャレンジ ··· 解答 ➡ 別冊p.3

英文を日本語に，日本文を英語になおしなさい。

(1) I can't eat meat.

_____

(2) Nick can sing Japanese songs.

_____

(3) When can you finish your homework?

_____

(4) 彼は速く走ることができます。

_____

(5) 私はどこでも寝ることができます。　　　*どこでも：anywhere

_____

(6) アヤコ（Ayako）は英語を話すことができますか。　　―― はい，話せます。

_____

7 許可・依頼を表す can

チャート式シリーズ参考書 >>
第3章 20 ～ 21

チェック

空欄をうめて，例文を完成させましょう。

【Can I ～?「～してもいいですか」(許可)】

① ここで写真を撮ってもいいですか。

—— はい，もちろんです。

_____ _____ take a picture here?

—— Yes, of course.

【Can you ～?「～してくれませんか」(依頼)】

② 私を手伝ってくれませんか。

—— わかりました。

_____ _____ help me?

—— All right.

ポイント

相手に許可を求める表現

Can I ～?は「～してもいいですか」と相手に許可を求めるときにも使える。よりていねいに言うときは May I ～?を使う。

相手に依頼する表現

Can you ～?は「～してくれませんか」と相手に何かを依頼するときにも使う。

トライ

解答 ➡ 別冊p.3

1 日本文に合うように，_____ に適する語を書きなさい。

(1) 中へ行ってもいいですか。　—— いいですよ。

_____ _____ go inside?　—— _____.

(2) おやつを食べてもいいですか。

—— いいえ，だめです。あなたは食べすぎです。

_____ _____ have a snack?

—— No, _____ _____.　You eat too much.

(3) この腕時計を見てもいいですか。　—— はい，もちろんです。

_____ _____ see this watch?　—— Yes, _____ _____.

(4) (電話で)トムをお願いします。　—— 私です。

_____ _____ _____ to Tom, please?　—— Speaking.

(5) ドアを閉めてくれませんか。　—— いいですよ。

_____ _____ close the door?　—— _____.

(6) 塩を取ってくれませんか。　—— わかりました。

_____ _____ pass me the salt?　—— _____ _____.

Can I ～?とCan you ～?を使いまちがえないようにね!

　チェックの解答　① Can, I　② Can, you

2 （　　　）内の指示に従って，次の英文を書きなさい。

(1) I can stay here. （許可を求める文に）

_____

(2) I can speak Japanese. （許可を求める文に）

_____

(3) You can take me to the station. （依頼をする文に）

_____

(4) You can play the guitar at the party. （依頼をする文に）

_____

3 正しい英文になるように，[　　　]内の語句を並べかえなさい。

(1) [Can / carry / me / bag / you / for / this]?

_____

(2) [I / Can / pool / swim / this / in]?

_____

(3) [Can / you / help / I]?

_____

💬 チャレンジ ·· 解答 ➡ 別冊p.4

英文を日本語に，日本文を英語になおしなさい。

(1) Can I have lunch here?　——　Yes, of course.

_____

(2) Can I ride this bike?　——　Sure.　　　　　　　　*ride：〜に乗る

_____

(3) Can you come with me?　——　Sorry, I can't.

_____

(4) 窓を開けてもいいですか。　——　いいですよ。

_____

(5) お皿を洗ってくれませんか。　——　わかりました。

_____

(6) あなたのペンを使ってもよろしいですか。　——　はい，もちろんです。

_____

8 相手に命令や依頼をする文

チャート式シリーズ参考書 >>
第4章 22 ～ 24

✎ チェック

空欄(くうらん)をうめて，例文を完成させましょう。

【Wash ～.「～を洗いなさい」】

① 手を洗いなさい。

_____ your hands.

【Please open ～.「～を開けてください」】

② 窓を開けてください。

_____ open the window.

【Be ～.「～しなさい」】

③ 気をつけなさい。

_____ careful.

> **ポイント**
>
> **命令や依頼(いらい)の文**
> ①主語（you）を省略し，動詞の原形で始める。
> ②ややていねいに言いたいときは文の始めか終わりにpleaseをつける。
>
> **be動詞の命令文**
> be動詞の原形beで始める。pleaseをつけると，ややていねいな言い方になる。

✎ トライ

解答 ➡ 別冊p.4

1 日本文に合うように，_____ に適する語を書きなさい。

(1) 黒板を見なさい。

_____ at the blackboard.

(2) 私のあとに繰(く)り返しなさい。

_____ after me.

(3) マイコ，ドアを閉めて。 ── わかりました。

Maiko, _____ the door. ── OK.

(4) 少々お待ちください。

_____ a moment, _____.

(5) 私といっしょに来てください。 ── いいですよ。

_____ _____ with me. ── _____.

(6) 座ってください。

_____ _____ down.

(7) 静かにしてください。

_____ quiet, _____.

> 呼びかける相手の名前をつけるときは，コンマ（,）で区切らないと主語とまちがえられちゃうよ。

> pleaseを最後につけるときは，必ず前にコンマ（,）を入れて区切ってね。

チェックの解答 ① Wash ② Please ③ Be

2 (　　　)内の指示に従って，次の英文を書きなさい。

(1) You go down this street. （命令文に）

_____

(2) You are a good student. （命令文に）

_____

(3) George go to bed. （適切な位置にコンマを入れて命令文に）

_____

(4) I am Tanaka Kenji. <u>Call me Ken.</u> （下線部をていねいな言い方の命令文に）

_____

3 正しい英文になるように，[　　　]内の語句を並べかえなさい。

(1) [this / book / Read].

_____

(2) [meal / enjoy / Please / your].   *meal：食事

_____

(3) [, / good / a / day / Have / Harry].

_____

💬 チャレンジ ·· 解答 ➡ 別冊p.4

英文を日本語に，日本文を英語になおしなさい。

(1) Clean the classroom.

_____

(2) Help me, please.

_____

(3) Be kind to old people.   *kind：親切な

_____

(4) このペンを使いなさい。

_____

(5) 宿題をしなさい。

_____

(6) 立ちなさい，ミキ(Miki)。

_____

9 いろいろな命令文

チャート式シリーズ参考書 >>
第4章 25 ～ 26

チェック

空欄<ruby>空欄<rt>くうらん</rt></ruby>をうめて，例文を完成させましょう。

【Don't use ～. 「～を使ってはいけません」】

① 授業中に日本語を使ってはいけません。

_____ use Japanese in class.

【Let's have ～. 「～を食べましょう」】

② いっしょにお昼ご飯を食べましょう。

_____ have lunch together.

【Let's ～. の否定文】

③ そこへ行かないでおきましょう。

_____ _____ go there.

ポイント

否定の命令文
命令文の前に Don't を置く。

相手を誘<ruby>誘<rt>さそ</rt></ruby>うとき
相手を誘うときは〈Let's＋動詞の原形 ～.〉を使う。否定文は〈Let's not＋動詞の原形 ～.〉となる。答えるときは，Yes, let's. 「はい，そうしましょう。」または No, let's not. 「いいえ，やめましょう。」となる。

トライ

解答 ➡ 別冊p.4

1 日本文に合うように，_____ に適する語を書きなさい。

(1) 教室で走ってはいけません。

_____ _____ in the classroom.

(2) 恥<ruby>恥<rt>は</rt></ruby>ずかしがらないで。

_____ be shy.

(3) 心配しないでください。

_____ worry, _____.

(4) 英語の授業を始めましょう。

_____ _____ our English class.

(5) ここで写真を撮<ruby>撮<rt>と</rt></ruby>りましょう。 —— はい，そうしましょう。

_____ _____ a picture here. —— _____, _____.

(6) 日曜日に会いましょう。—— いいえ，やめましょう。月曜日に会いましょう。

_____ _____ on Sunday.

—— No, _____ _____. _____ _____ on Monday.

> 否定の命令文も please をつけると，ややていねいな言い方になるよ。

> (6) 誘いを断るときは，理由や別の提案をつけ加えるといいよ。

（チェックの解答） ① Don't ② Let's ③ Let's, not

2 (　　　)内の指示に従って，次の英文を書きなさい。

(1) You give up. （否定の命令文に）　　　　　　　　　　　　　*give up：あきらめる

_____

(2) You are late for school. （否定の命令文に）

_____

(3) Let's go out. （否定文に）

_____

(4) Let's take a break. （Yesで答えて）　　　　　　　　*take a break：休憩する

_____

3 正しい英文になるように，[　　　]内の語句を並べかえなさい。

(1) [play / a / Let's / game].

_____

(2) [sleep / sofa / the / Don't / on].　　　　　　　　*sofa：ソファー

_____

(3) [be afraid / , / Don't / please].　　　　　　　　*be afraid：怖がる

_____

📝 チャレンジ ･･･ 解答 ➡ 別冊p.4

英文を日本語に，日本文を英語になおしなさい。

(1) Don't push this button.　　　　　　　　　　　　　*button：ボタン

_____

(2) Don't talk in the library.

_____

(3) Let's play basketball. ── All right.

_____

(4) このリンゴを食べてはいけません。

_____

(5) この鍵をなくさないでください。　　　　　　　　　*なくす：lose

_____

(6) 公園でお昼ご飯を食べましょう。 ── はい，そうしましょう。

_____

1 正しい英文になるように，[　　　]の中から適切なものを選びなさい。

(1) She [can / is / like] sing well.

(2) [Do / Is / Can] Matt play the piano?

(3) [Where / May / Am] I come in?

(4) [What / When / Wash] your hands before lunch.

(5) [It's / Isn't / Let's] have curry and rice.

2 次の日本文の意味に合うように，＿＿＿＿ に適する語を入れなさい。

(1) 彼は難しい漢字を書くことができます。

He ＿＿＿＿ ＿＿＿＿ difficult kanji.

(2) 私はあなたの言うことが聞こえません。

I ＿＿＿＿ ＿＿＿＿ you.

(3) このペンを借りてもいいですか。

＿＿＿＿ ＿＿＿＿ ＿＿＿＿ this pen?

(4) この花に触ってはいけません。

＿＿＿＿ ＿＿＿＿ this flower.

(5) 今日はそこへ行かないでおきましょう。

＿＿＿＿ ＿＿＿＿ ＿＿＿＿ there today.

3 次の対話文が成立するように，（　　　）内の指示に従って英文を完成させなさい。

(1) A：Can you jump high? （Yesで答えて）

　　B：＿＿＿＿＿＿＿＿＿＿＿＿＿＿＿＿＿＿＿＿＿．

(2) A：Can Naoko run a full marathon? （Noで答えて）　*full marathon：フルマラソン

　　B：＿＿＿＿＿＿＿＿＿＿＿＿＿＿＿＿＿＿＿＿＿．

(3) A：＿＿＿＿＿＿＿＿＿ cook spaghetti for lunch? （相手に依頼する文に）

　　B：All right.

(4) A：＿＿＿＿＿＿＿＿＿ watch TV? （相手に許可を求める文に）

　　B：Sure.

(5) A：Let's go to the ice cream shop. （Noで答えて）

　　B：＿＿＿＿＿＿＿＿＿＿＿＿＿＿． It's very cold today.

4 次の英文を日本語になおしなさい。

(1) Penguins can't fly.   *penguin：ペンギン

_____

(2) You can see Mt. Fuji from here.   *Mt. Fuji：富士山

_____

(3) Can you make a birthday cake for me?　── Sure.

_____

(4) Go to bed early.

_____

(5) Don't be angry, please.

_____

5 正しい英文になるように，[　　　]内の語句を並べかえなさい。ただし，使わない語がひとつ
あります。

(1) [can / a / home / all day / I / stay].   *all day：一日中

_____

(2) [I / take / Let's / with you / a / picture / Can]?

_____

(3) [help / you / me / Can / do]?

_____

(4) [this park / play / in / Don't / not / soccer].

_____

(5) I'm Takano Emiko. [call / Emi / am / me / Please].

_____

6 次の日本文を英語になおしなさい。

(1) 私は牛乳が飲めません。

_____

(2) あなたの傘を使ってもいいですか。

_____

(3) 切手はどこで買えますか。   *切手：stamp(s)

_____

(4) いっしょに歌いましょう。

_____

🔟 名詞の複数形

📝 チェック

空欄（くうらん）をうめて，例文を完成させましょう。

【名詞の複数形】

① 私は2匹（ひき）のイヌを飼っています。

　　I have two ＿＿＿＿＿＿.

【How many 〜 ?「いくつの〜ですか」】

② あなたはイヌを何匹飼っていますか。

　　—— 2匹飼っています。

　　＿＿＿＿＿ ＿＿＿＿＿ ＿＿＿＿＿ do you have?

　　—— I have ＿＿＿＿＿＿.

【数えられない名詞】

③ 私は牛乳が好きです。

　　I like ＿＿＿＿＿＿.

> **ポイント**
>
> 名詞が「2つ以上」を表すとき
> 名詞の終わり（語尾）にs / es をつけて，複数形にすることが多い。
>
> **数をたずねるとき**
> 〈How many+名詞の複数形〉 を文の最初に置き，そのあとに疑問文の形を続ける。
>
> **数えられない名詞**
> 1つ，2つ…と数えられない名詞は，a / anがつかず，複数形にもならない。

🖊 トライ

解答 ➡ 別冊p.5

1 日本文に合うように，＿＿＿＿＿ に適する語を書きなさい。

(1) 1匹のネコ → 2匹のネコ

　　a cat → ＿＿＿＿＿ ＿＿＿＿＿

(2) 1本のペン → 3本のペン

　　a pen → ＿＿＿＿＿ ＿＿＿＿＿

(3) 1つの都市 → 4つの都市

　　a city → ＿＿＿＿＿ ＿＿＿＿＿

(4) 1人の男の人 → 5人の男の人

　　a man → ＿＿＿＿＿ ＿＿＿＿＿

(5) あなたは本を何冊持っていますか。　—— 6冊持っています。

　　＿＿＿＿＿ ＿＿＿＿＿ ＿＿＿＿＿ do you have?　—— I have ＿＿＿＿＿.

(6) 私はヒツジを7頭飼っています。

　　I have ＿＿＿＿＿ ＿＿＿＿＿.

> 地名や人名，教科・スポーツの名前，決まった形を持たない物質・概念（がいねん）などは数えられない名詞だよ。

（チェックの解答）① dogs　② How, many, dogs, two　③ milk

2 ( )内の指示に従って，次の英文を書きなさい。

(1) I buy a tomato. (「8つの」に変えて)

_____

(2) I need an ID photo. (「2枚の」に変えて) *ID photo：証明写真

_____

(3) You have two children. (oneを使わずに「1人の」に変えて)

_____

(4) You want a box. (数を問う疑問文に)

_____

3 正しい英文になるように，[ ]内の語句を並べかえなさい。

(1) [breakfast / eat / for / eggs / I / three].

_____

(2) [like / coffee / I].

_____

(3) [many / you / How / cups / need / do]?

_____

💠 **チャレンジ** ·· 解答 ➡ 別冊p.5

英文を日本語に，日本文を英語になおしなさい。

(1) I speak three languages.

_____

(2) You have two bikes.

_____

(3) Can I use two chairs?

_____

(4) 私は姉が2人います。

_____

(5) あなたは辞書を2冊持っていますか。

_____

(6) あなたはおにぎりを何個買いますか。 ―― 2個買います。 *おにぎり：rice ball

_____

11 「いくつかの〜」

✦ チェック

空欄(くうらん)をうめて, 例文を完成させましょう。

【some 〜「いくつかの〜」「いくらかの〜」】

① 私は毎日 (何本かの) バナナを食べます。

I eat _____ bananas every day.

【any 〜「1つでも〜」「いくらかでも〜」】

② あなたには (1人でも) 兄弟がいますか。

Do you have _____ brothers?

【not any 〜「1つも〜ない」「少しも〜ない」】

③ 私は今日, 授業が1つもありません。

I _____ have _____ classes today.

ポイント

数をはっきり言わない表現

〈some+数えられる名詞の複数形〉
→ 数「いくつかの〜」
〈some+数えられない名詞〉
→ 量「いくらかの〜」

疑問文・否定文で使う any
疑問文と否定文では, some を any に変える。

✦ トライ

解答 ➡ 別冊p.5

1 日本文に合うように, _____ に適する語を書きなさい。

(1) 私はかばんに本を (何冊か) 持っています。

I have _____ _____ in my bag.

(2) 私は (いくらかの) 水がほしいです。

I want _____ _____.

(3) 私はお昼ご飯にお茶を (いくらか) 飲みます。

I drink _____ _____ for lunch.

(4) あなたは (1つでも) 中国語の単語を知っていますか。 —— はい, 知っています。

Do you know _____ Chinese _____? —— Yes, I do.

(5) あなたは (1人でも) アメリカに友達がいますか。 —— いいえ, いません。

Do you have _____ _____ in America? —— No, I don't.

(6) 私は今, 少しもお金を持っていません。

I _____ have _____ _____ now.

(7) 私は辞書を1冊も持っていません。

I _____ have _____ _____.

some と, 疑問文の any は日本語に訳さなくてもいい場合が多いよ。

否定文の not any は, no で言い換えることもできるんだ。

チェックの解答 ① some ② any ③ don't, any

2 （　　）内の指示に従って，次の英文を書きなさい。

(1) I have some comic books in my bag.（否定文に）

_____

(2) I need some sugar.（否定文に）

_____

(3) You have some time today.（疑問文に）

_____

(4) You know some students in this school.（疑問文に）

_____

3 正しい英文になるように，[　　　]内の語句を並べかえなさい。

(1) [no / have / brothers / I].

_____

(2) [good / many / have / You / friends].　　　　　　　*many：たくさんの

_____

(3) [know / foreign actors / I / a few].　　*a few：少しの, foreign actors：外国の俳優

_____

💬 **チャレンジ** ··· 解答 ➡ 別冊p.6

英文を日本語に，日本文を英語になおしなさい。

(1) I have a lot of bags.　　　　　　　　　　　　　*a lot of：たくさんの

_____

(2) I want some bread.

_____

(3) Do you know any English songs?　── Yes, I do.

_____

(4) 私はオレンジを（いくつか）買います。

_____

(5) 私は腕時計を1本も持っていません。

_____

(6) あなたは今，たくさんのペンを持っていますか。　── いいえ，持っていません。

_____

12 主語が複数形の文

チャート式シリーズ参考書 >>
第5章 33 〜 35

チェック

空欄をうめて，例文を完成させましょう。

【We are 〜.「私たちは〜です」】

① 私たちは仲のよい友達です。

_____ _____ good friends.

【複数を表す名詞が主語の文】

② ボブとケイトはサッカーファンです。

Bob _____ Kate _____ soccer fans.

【These are 〜.「これらは〜です」】

③ こちらは私の両親です。

_____ _____ my parents.

> **ポイント**
>
> **複数を表す代名詞**
> we, you, they が主語のとき，be動詞は are を使う。
> are のあとが名詞のときは，名詞を複数形にする。
>
> **複数を表す名詞が主語のとき**
> 〈A and B〉や名詞の複数形が主語のときも，be動詞は are を使う。
>
> **these / those**
> this / that の複数形は these（これら）/ those（あれら）。

トライ

解答 ➡ 別冊p.6

1 日本文に合うように，_____ に適する語を書きなさい。

> 主語が複数のときも，否定文や疑問文の作り方は I や you のときと同じだよ。

(1) あなたたちはこの学校の生徒です。

_____ _____ _____ of this school.

(2) 彼らは図書館にいません。

They _____ _____ in the library.

(3) あなたとマナは姉妹ですか。 —— はい，そうです。

_____ you _____ Mana sisters? —— Yes, _____ _____ .

(4) ハルキとアツシはサッカーが好きです。

Haruki and Atsushi _____ soccer.

> 主語が複数のとき，一般動詞の形は，I や you のときと同じだよ。

(5) 彼らはテレビを見ません。

They _____ _____ TV.

(6) あれらはメロンですか。 —— いいえ，違います。

_____ _____ melons? —— No, _____ _____ .

(7) これらは何ですか。 —— カボチャです。

What _____ _____ ? —— _____ _____ pumpkins.

チェックの解答 ① We, are ② and, are ③ These, are

2 （　　　）内の指示に従って，次の英文を書きなさい。

(1) I am hungry. （主語を「Billと私」に）

_____

(2) This is my pencil. （主語を複数形に）

_____

(3) You are a member of the tennis club. （主語を複数形に）

_____

(4) Do your sisters like pizza? （Noで答えて）

_____

3 正しい英文になるように，[　　　]内の語句を並べかえなさい。

(1) [don't / in / live / We / Tokyo].

_____

(2) [Your / are / children / kind / very].

_____

(3) [have / dogs / Mr. and Mrs. Koshino / two].

_____

💠 **チャレンジ** ·· 解答 ➡ 別冊p.6

英文を日本語に，日本文を英語になおしなさい。

(1) The boys run to the school.

_____

(2) Aiko and Meiko are in the kitchen.

_____

(3) These aren't my CDs.

_____

(4) 彼らは若いです。

_____

(5) 私たちは眠くありません。

_____

(6) あなたたちは野球選手ですか。 ―― はい，そうです。 ＊選手：player

_____

13 3人称単数現在の文・疑問文・否定文

チャート式シリーズ参考書 >> 第6章 36〜39

チェック

空欄をうめて，例文を完成させましょう。

【He likes 〜.「彼は〜が好きです」】

① 彼は日本が好きです。

He ＿＿＿＿＿ Japan.

【Does he like 〜?「彼は〜が好きですか」】

② 彼は音楽が好きですか。

―― はい，好きです。/ いいえ，好きではありません。

＿＿＿＿＿ he ＿＿＿＿＿ music?

―― Yes, he ＿＿＿＿＿ . / No, he ＿＿＿＿＿ .

【What does she 〜?「彼女は何を〜しますか」】

③ 彼女は何を教えていますか。

―― 彼女は英語を教えています。

＿＿＿＿＿ ＿＿＿＿＿ she ＿＿＿＿＿?

―― She ＿＿＿＿＿ English.

【She doesn't eat 〜.「彼女は〜を食べません」】

④ 彼女は朝ご飯を食べません。

She ＿＿＿＿＿ ＿＿＿＿＿ breakfast.

ポイント

3人称単数とは

IやYou以外の1人の人，1つのもの（he, she, itなど）。主語が3人称単数の文で現在のことを述べるときは，一般動詞の語尾にs / esをつける。

3人称単数現在の疑問文

主語の前にdoesを置き，動詞は原形にする。答えるときは疑問文の主語に対応する代名詞を使う。

「何を〜しますか」の文

whatを文頭に置き，そのあとに疑問文の形を続ける。答えの文の動詞の語尾には，s / esをつける。

3人称単数現在の否定文

動詞の前にdoesn't[does not]を置く。動詞は原形にする。

トライ

解答 ➡ 別冊p.6

1 日本文に合うように，＿＿＿＿＿ に適する語を書きなさい。

(1) 私の姉は鎌倉に住んでいます。

My sister ＿＿＿＿＿ in Kamakura.

(2) あなたのお父さんは料理をしますか。　―― はい，料理をします。

＿＿＿＿＿ your father ＿＿＿＿＿ ?　―― Yes, ＿＿＿＿＿ .

(3) 彼は何を飲みますか。　―― 彼はコーヒーを飲みます。

＿＿＿＿＿ ＿＿＿＿＿ he ＿＿＿＿＿?　―― He ＿＿＿＿＿ coffee.

(4) 私の弟は野菜を食べません。

My brother ＿＿＿＿＿ ＿＿＿＿＿ vegetables.

> 3人称単数現在の動詞につけるs / esを，「3単現のs」と呼ぶよ。

チェックの解答　① likes　② Does, like, does, doesn't　③ What, does, teach, teaches　④ doesn't, eat[have]

2 （　　　）内の指示に従って，次の英文を書きなさい。

(1) I speak Japanese. （主語を she に）

_____

(2) Mr. Kawata likes dogs. （否定文に）

_____

(3) Shiho practices volleyball every day. （疑問文に）

_____

(4) Does your mother know that? （No で答えて）

_____

3 正しい英文になるように，[　　　]内の語句を並べかえなさい。

(1) [this / uses / Ms. Brown / computer].

_____

(2) [doesn't / He / any / today / homework / have].

_____

(3) [this boy / play / Does / tennis / well]?

_____

💠 **チャレンジ** ･･･ 解答 ➡ 別冊p.7

英文を日本語に，日本文を英語になおしなさい。

(1) He works at home.

_____

(2) She goes to school by bus.

_____

(3) What does she have in her hand?　── She has an eraser.

_____

(4) 彼女は毎日数学を勉強します。

_____

(5) 彼は私の兄を知っています。

_____

(6) あのネコは果物を食べますか。　── いいえ，食べません。　　　　＊果物：fruit

_____

1 正しい英文になるように，[　　　]の中から適切なものを選びなさい。

(1) Miwa [like / likes / likies] cats.

(2) The boys [isn't / don't / doesn't] like coffee.

(3) [Does / Do / Is] he cook every day?

(4) She [has / have / haves] two brothers.

(5) Emi and I [study / studies / studys] hard.

2 次の日本文の意味に合うように，＿＿＿＿ に適する語を入れなさい。

(1) 私はかばんに腕時計を2本持っています。

I ＿＿＿＿ ＿＿＿＿ ＿＿＿＿ in my bag.

(2) マルコはご飯とみそ汁が好きです。

Marco ＿＿＿＿ rice and miso soup.

(3) 彼女は毎朝2杯のコーヒーを飲みます。

She ＿＿＿＿ ＿＿＿＿ ＿＿＿＿ of coffee every morning.

(4) 彼女らは電車で学校へ行きます。

＿＿＿＿ ＿＿＿＿ to school by train.

(5) あれらはきれいなグラスではありません。　*clean:きれいな

＿＿＿＿ ＿＿＿＿ ＿＿＿＿ clean glasses.

3 次の対話文が成立するように，（　　　）内の指示に従って英文を完成させなさい。

(1) A：Are you and Chikako friends?　（Yesで答えて）

B：＿＿＿＿＿＿＿＿＿＿＿＿＿＿＿＿＿＿＿＿＿＿＿.

(2) A：Do your brothers like rugby?　（Noで答えて）

B：＿＿＿＿＿＿＿＿＿＿＿＿＿＿＿＿＿＿＿＿＿＿＿.

(3) A：＿＿＿＿＿＿＿＿ lemons do you want?　（数を問う疑問文に）

B：I want two.

(4) A：Does your sister have breakfast every day?　（Yesで答えて）

B：＿＿＿＿＿＿＿＿＿＿＿＿＿.

(5) A：＿＿＿＿＿＿＿＿ he have in his pocket?　（「何を〜しますか」と問う疑問文に）

B：He has a key.

4 次の英文を日本語になおしなさい。

(1) My cousin lives in Kyoto.

_____

(2) You are good students.

_____

(3) He doesn't have any dogs.

_____

(4) Taro gets up early.

_____

(5) What does Shogo want for Christmas?

_____

5 正しい英文になるように，[ ]内の語句を並べかえなさい。ただし，使わない語がひとつあります。

(1) [I / doesn't / soy milk / like / He].　　　　　　　　*soy milk：豆乳

_____

(2) [to the station / My father / take / me / takes].

_____

(3) [have / doesn't / I / a little / now / money].　　　　*a little：少しの

_____

(4) [and / are / My / I / like / mother / cake].

_____

(5) [buys / bananas / buy / She / some / at the supermarket].

_____

6 次の日本文を英語になおしなさい。

(1) 彼はこの歌が好きです。

_____

(2) 私はカメラをいくつか持っています。

_____

(3) これらは私のペンです。

_____

(4) 彼女は車を運転しますか。 —— はい，運転します。

_____

⑭ 代名詞

✍ チェック

空欄をうめて，例文を完成させましょう。

【「〜は」「〜が」を表す代名詞】

① 私はケイトを知っています。彼女はカナダ出身です。

_____ know Kate. _____ is from Canada.

【「〜の」「〜のもの」を表す代名詞】

② それは私の自転車です。あなたのはあそこにあります。

That is _____ bike. _____ is over there.

【「〜を」「〜に」を表す代名詞】

③ あちらはボブです。あなたは彼を知っていますか。

That's Bob. Do you know _____?

> **ポイント**
>
> **代名詞とは**
> 人やものの名前の代わりに使う語。I, you, he, she, itなど。
>
> **所有の意味を表す代名詞**
> ・「〜の」：my, our, your, his, her, their, its
> ・「〜のもの」：mine, ours, yours, his, hers, theirs
>
> **目的語になる代名詞**
> 「〜を (に)」と動詞のあとにくる代名詞。me, us, you, him, her, them, it

✍ トライ

解答 ➡ 別冊p.7

1 日本文に合うように，_____ に適する語を書きなさい。

(1) 私たちは3匹のネコを飼っています。私たちはそれらを愛しています。

_____ have three cats. _____ love _____.

(2) こちらは安藤先生です。 彼は私たちの理科の先生です。

_____ is Mr. Ando. _____ is _____ science teacher.

(3) 彼のコンピューターは新しいです。彼のものを使いましょう。

_____ computer is new. Let's use _____.

(4) この帽子はマリコ (Mariko) のものです。彼女は毎日それをかぶります。

This hat is _____. _____ wears _____ every day.

(5) この歌手を知っていますか。私は彼女の声がとても好きです。

Do you know this singer? I like _____ voice very much.

(6) 私のかばんは青です。あなたのは黒です。

_____ bag is blue. _____ is black.

(7) それらは彼らのクッキーです。あなたたちのはここにあります。

Those are _____ cookies. _____ are here.

> (2) 人を紹介するときは，"This is 〜." を使ったね。

> 代名詞以外の名詞で「〜の」「〜のもの」を表すときは，〈名詞+'s〉とするよ。

チェックの解答 ① I, She ② my, Yours ③ him

2 (　　　)内の指示に従って，次の英文を書きなさい。

(1) Do you know her name?　（下線部を「彼女を」に）

_____

(2) Do you remember my friends?　（下線部を代名詞に）　　*remember：覚えている

_____

(3) They are my teammates.　（下線部を「彼は」に）

_____

(4) She plays tennis with me every Sunday.　（下線部を「彼女らは」に）

_____

3 正しい英文になるように，[　　　]内の語句を並べかえなさい。

(1) [please / with / Come / , / us].

_____

(2) [mother / is / She / his].

_____

(3) [breakfast / Does / he / with / have / them]?

_____

💬 チャレンジ ·· 解答 ➡ 別冊p.7

英文を日本語に，日本文を英語になおしなさい。

(1) He doesn't know you.

_____

(2) You have a nice computer.　Use it.

_____

(3) Our flag is red.　Theirs is white.　　*flag：旗

_____

(4) このノートは私のものです。

_____

(5) これらのラケットは私たちのものです。

_____

(6) あなたは英語で名前を書けますか。　　*英語で：in English

_____

15 whatの疑問文①

チャート式シリーズ参考書 》
第8章 43 ～ 45

チェック

<ruby>空欄<rt>くうらん</rt></ruby>をうめて，例文を完成させましょう。

【What do you ～? 「あなたは何を～しますか」】

① あなたは誕生日に何がほしいですか。

　　—— 私は新しいTシャツがほしいです。

　　_____ do you want for your birthday?

　　—— I want a _____ _____.

【What do you do? 「あなたは何をしますか」】

② あなたは放課後に何をしますか。

　　—— 私は毎日テニスをします。

　　_____ do you _____ after school?

　　—— I _____ _____ every day.

【What color ～? 「何色が～ですか」】

③ あなたは何色が好きですか。　—— 私は青が好きです。

　　_____ _____ do you like?　—— I like _____.

> **ポイント**
>
> **whatの疑問文の作り方**
> 「何を」「何が」とたずねるときは，〈What＋疑問文〉の形を使う。
>
> **動作の内容をたずねるとき**
> 「何をしますか」と動作の内容をたずねるときは，〈What do[does]＋主語+do ～?〉の形を使う。
>
> **what+名詞**
> 「何の～」「どんな～」とたずねるときは，〈what＋名詞＋疑問文〉の形を使う。

トライ

解答 ➡ 別冊p.8

1 日本文に合うように，_____ に適する語を書きなさい。

> Whatの疑問文に答えるときは，yes / noは使わず，具体的に答えるよ。

(1) あれらは何ですか。　—— 桜の木です。

　　_____ are those?　——　_____ cherry trees.

(2) あなたのお気に入りの動物は何ですか。　—— 私はライオンが好きです。

　　_____ is your favorite animal?　—— I like lions.

(3) あなたは日曜日に何をしますか。　—— 私は雑誌を読みます。

　　_____ do you _____ on Sunday?　—— I _____ magazines.

(4) これは何色ですか。　—— <ruby>紺<rt>こん</rt></ruby>色です。

　　_____ _____ is this?　—— _____ navy blue.

(5) あなたは何のスポーツが好きですか。　—— 私は野球が好きです。

　　_____ _____ do you like?　—— _____ _____ baseball.

　チェックの解答　① What, new, T-shirt　② What, do, play, tennis　③ What, color, blue

2 （　　　）内の指示に従って，次の英文を書きなさい。

(1) I have a fan in my bag. （I を you に変えて下線部を問う疑問文に）　　*fan：うちわ

＿＿＿＿＿＿＿＿＿＿＿＿＿＿＿＿＿＿＿＿＿＿＿＿＿＿＿＿＿＿＿＿

(2) She likes rabbits. （下線部を問う疑問文に）

＿＿＿＿＿＿＿＿＿＿＿＿＿＿＿＿＿＿＿＿＿＿＿＿＿＿＿＿＿＿＿＿

(3) What sports do you play? （主語を「あなたのお父さん」に変えて）

＿＿＿＿＿＿＿＿＿＿＿＿＿＿＿＿＿＿＿＿＿＿＿＿＿＿＿＿＿＿＿＿

(4) What is your favorite fruit? （like を使ってほぼ同じ意味の文に）

＿＿＿＿＿＿＿＿＿＿＿＿＿＿＿＿＿＿＿＿＿＿＿＿＿＿＿＿＿＿＿＿

3 正しい英文になるように，[　　　]内の語句を並べかえなさい。

(1) [you / for lunch / What / bring / do]?　　*bring：持ってくる

＿＿＿＿＿＿＿＿＿＿＿＿＿＿＿＿＿＿＿＿＿＿＿＿＿＿＿＿＿＿＿＿

(2) [your / What / do / does / after dinner / mother]?

＿＿＿＿＿＿＿＿＿＿＿＿＿＿＿＿＿＿＿＿＿＿＿＿＿＿＿＿＿＿＿＿

(3) [are / your / What / size / shoes]?

＿＿＿＿＿＿＿＿＿＿＿＿＿＿＿＿＿＿＿＿＿＿＿＿＿＿＿＿＿＿＿＿

💠 **チャレンジ** ・・・　解答 ➡ 別冊p.8

英文を日本語に，日本文を英語になおしなさい。

(1) What's wrong with you? —— I have a headache.　　*headache：頭痛

＿＿＿＿＿＿＿＿＿＿＿＿＿＿＿＿＿＿＿＿＿＿＿＿＿＿＿＿＿＿＿＿

(2) What does she have for breakfast? —— She has rice balls.

＿＿＿＿＿＿＿＿＿＿＿＿＿＿＿＿＿＿＿＿＿＿＿＿＿＿＿＿＿＿＿＿

(3) What is that boy's name? —— His name is Shunsuke.

＿＿＿＿＿＿＿＿＿＿＿＿＿＿＿＿＿＿＿＿＿＿＿＿＿＿＿＿＿＿＿＿

(4) あなたのお仕事は何ですか。 —— 私は看護師です。　　*看護師：nurse

＿＿＿＿＿＿＿＿＿＿＿＿＿＿＿＿＿＿＿＿＿＿＿＿＿＿＿＿＿＿＿＿

(5) あなたは何の日本食が好きですか。 —— 私は寿司が好きです。

＿＿＿＿＿＿＿＿＿＿＿＿＿＿＿＿＿＿＿＿＿＿＿＿＿＿＿＿＿＿＿＿

(6) あの小さな動物は何ですか。 —— それはネズミです。　　*ネズミ：mouse

＿＿＿＿＿＿＿＿＿＿＿＿＿＿＿＿＿＿＿＿＿＿＿＿＿＿＿＿＿＿＿＿

16 whatの疑問文②

チャート式シリーズ参考書 >>
第8章 46〜49

✋ チェック

空欄（くうらん）をうめて，例文を完成させましょう。

【What time is it?「何時ですか」】

① 何時ですか。　——8時30分です。

_____ _____ is it?　—— It's _____ _____ .

【What time do you 〜?「何時に〜しますか」】

② あなたは何時に寝（ね）ますか。

　　—— 私は11時に寝ます。

_____ _____ do you go to bed?

—— I go to bed _____ eleven.

【What day is it today?「今日は何曜日ですか」】

③ 今日は何曜日ですか。

　　—— 金曜日です。

_____ _____ _____ _____ today?

—— It's _____ .

【What is the date today?「今日は何日ですか」】

④ 今日は何月何日ですか。

　　—— 5月1日です。

_____ _____ _____ _____ today?

—— _____ May 1.

> **ポイント**
>
> **時刻をたずねる表現**
> 時刻は What time is it? を使ってたずねる。it は時刻を表す文の主語として使うが，訳さない。〈It is [It's] +時刻.〉の形で答える。
>
> **「何時に〜しますか」の文**
> 何かをする時刻をたずねるときは，〈What time+疑問文〉で表す。
> 「…時に」は〈at+時刻〉で表す。
>
> **曜日をたずねる表現**
> 〈What day+疑問文〉で表す。答えるときは〈It is [It's] +曜日.〉の形で答える。
>
> **日付をたずねる表現**
> What is the date? を使ってたずねる。
> 答えるときは〈It is [It's] +月+日.〉の形で答える。

✋ トライ

解答 ➡ 別冊p.8

1 日本文に合うように，_____ に適する語を書きなさい。

(1) 今は何時ですか。　—— 2時15分です。

_____ _____ is it _____ ?　—— It's _____ _____ .

(2) あなたのお父さんは何時に家を出ますか。　—— 8時です。

_____ _____ does your father leave home?

—— _____ _____ .

> (2)「…時に」の部分だけで答えてもいいんだね。

(3) 今日は何曜日ですか。　—— 水曜日です。

_____ _____ is it _____ ?　—— It's _____ .

チェックの解答 ① What, time, eight, thirty　② What, time, at　③ What, day, is, it, Friday　④ What, is, the, date, It's

2 （　　　）内の指示に従って，次の英文を書きなさい。

(1) We have lunch <u>at noon</u>.　（Weをyouに変えて下線部を問う疑問文に）

_____

(2) It's <u>nine p.m.</u> in New York.　（下線部を問う疑問文に）

_____

(3) What time does he go to bed?　（「11時」と答えて）

_____

(4) What is the date of New Year's Day?　（日付を答えて）

_____

3 正しい英文になるように，[　　　]内の語句を並べかえなさい。

(1) [time / does / What / your / mother / go / shopping]?

_____

(2) [is / date / Christmas / What / the / of]?

_____

(3) [time / does / this / What / open / store]?

_____

💠 **チャレンジ** ‥‥‥‥‥‥‥‥‥‥‥‥‥‥‥‥‥‥‥‥‥‥‥‥‥‥‥‥‥‥‥‥　解答 ➡ 別冊p.8

英文を日本語に，日本文を英語になおしなさい。

(1) What time does Jack get home?　── He gets home at eight.

_____

(2) What day is it today?　── It's Thursday.

_____

(3) What's the date today?　── It's June 2.

_____

(4) 今は何時ですか。　── 3時です。

_____

(5) あなたは何時に起きますか。　── 私は7時半に起きます。　　　*起きる：get up

_____

(6) そちらは何時ですか。　── 午前5時です。

_____

17 who / whose / which の疑問文

チャート式シリーズ参考書 >> 第8章 50～53

チェック

空欄をうめて，例文を完成させましょう。

【who「だれ」】

① あの家にはだれが住んでいますか。

　—— ブラウン先生が住んでいます。

　_____ lives in that house?

　—— Mr. Brown _____.

【whose「だれの」】

② これはだれのギターですか。　—— 私のです。

　_____ _____ is this?　—— It's _____.

【which「どちら，どれ，どちらの～，どの～」】

③ どちらのイヌがあなたのですか。

　—— この黒いのが私のです。

　_____ _____ is yours?

　—— This black _____ is mine.

【Which ～, this or that?「これとあれのどちらですか」】

④ ポークとチキンではあなたはどちらが好きですか。

　—— 私はチキンが好きです。

　_____ do you like, pork _____ chicken?

　—— I like _____.

ポイント

「だれ」とたずねる表現

who を使う。「だれが～しますか」とたずねるときは，〈Who＋動詞 ～?〉の形を使う。答えるときは〈主語＋does［do］.〉の形で答える。

「だれの」とたずねる表現

whose を使う。「…はだれの～ですか」とたずねるときは，〈Whose＋名詞＋is［are］＋主語?〉という形を使う。

いくつかのうちから選ぶ場合

「どちらの～」「どの～」と2つ以上のうちどれかをたずねるときは，which を使う。
答えるときは，名詞の代わりに「もの」という意味の代名詞 one を用いる。

どちらか選んでもらう表現

2つのものから選んでもらうときは，〈Which＋疑問文，A or B?〉の形を使う。

トライ

解答 ➡ 別冊 p.9

1 日本文に合うように，_____ に適する語を書きなさい。

(1) この机を使っているのはだれですか。　—— エミコが使っています。

　_____ _____ this desk?　—— Emiko _____.

(2) あれはだれの椅子ですか。　—— 彼女のです。

　_____ chair is that?　—— It's _____.

(3) どちらのかばんがあなたのですか。—— この赤いのが私のです。

　_____ bag is yours?　—— This red _____ is mine.

> (3)〈which＋名詞〉で「どちらの～，どの～」の意味になるよ。

チェックの解答　① Who, does　② Whose, guitar, mine　③ Which, dog, one　④ Which, or, chicken

2 （　　）内の指示に従って，次の英文を書きなさい。

(1) My mother cooks dinner. （下線部を問う疑問文に）

_____

(2) Ayana is my cousin. （下線部を問う疑問文に）

_____

(3) Whose T-shirt is this? （「彼のです。」と答えて）

_____

(4) Which do you like, cats or dogs? （「イヌが好きです。」と答えて）

_____

3 正しい英文になるように，[　　　]内の語句を並べかえなさい。

(1) [keys / are / Whose / these]?

_____

(2) [helps / your / Who / mother]?

_____

(3) [train / to / Which / London / goes]?

_____

💠 チャレンジ ・・ 解答 ➡ 別冊p.9

英文を日本語に，日本文を英語になおしなさい。

(1) Which do you like, beef or chicken?　　── I like beef.

_____

(2) Whose are these pens?　　── They're hers.

_____

(3) Who plays the guitar?　　── I do.

_____

(4) あの背の高い男の子はだれですか。　── カズヤ（Kazuya）です。

_____

(5) これはだれの消しゴムですか。　── ジェーン（Jane）のです。

_____

(6) 夏と冬ではあなたはどちらが好きですか。　── 私は冬が好きです。

_____

18 where / when / why の疑問文

チャート式シリーズ参考書 >>
第8章 54 ～ 56

チェック

空欄をうめて，例文を完成させましょう。

【where「どこに」「どこで」「どこへ」】

① あなたはどこに住んでいますか。 —— 私は横浜に住んでいます。

_____ do you live? —— I live _____ _____.

【when「いつ」】

② あなたは家でいつ勉強しますか。

—— 私は夕食後に勉強します。

_____ do you study at home?

—— I study _____ _____.

【why「なぜ」】

③ あなたはなぜ彼女が好きなのですか。

—— なぜなら彼女は親切だからです。

_____ do you like her?

—— _____ she's kind.

ポイント

> **場所をたずねる表現**
> 「どこに」「どこで」「どこへ」とものや人の場所をたずねるときはwhereを使う。
> where is の短縮形は where's となる。

> **時をたずねる表現**
> 「いつ」と時をたずねるときはwhenを使う。

> **理由をたずねる表現**
> 「なぜ」と理由をたずねるときはwhyを使う。答えるときは〈Because+主語+動詞 ～.〉の形で答える。

トライ

解答 ➡ 別冊p.9

1 日本文に合うように，_____ に適する語を書きなさい。

(1) 私のペンはどこにありますか。 —— テーブルの上にあります。

_____ my pen? —— It's _____ the table.

(2) あなたはどこにいますか。 —— 私はここです。

_____ are you? —— I'm _____.

(3) あなたの誕生日はいつですか。 —— 5月9日です。

_____ is your birthday? —— It's _____ 9.

(4) あなたのお兄さんはいつテニスをしますか。 —— 放課後です。

_____ does your brother play tennis?

—— He plays tennis _____ school.

(5) あなたはなぜこの俳優が好きなのですか。 —— かっこいいからです。

_____ do you like this actor? —— _____ he's cool.

> whenはおおまかな時をたずねる表現，what timeははっきりとした時刻をたずねる表現だよ。

2 (   )内の指示に従って，次の英文を書きなさい。

(1) We live <u>in Tokyo</u>. （Weをyouに変えて下線部を問う疑問文に）

_____

(2) He studies <u>in the library</u>. （下線部を問う疑問文に）

_____

(3) I play basketball every day. （Iをyouに変えて理由を問う疑問文に）

_____

(4) I like basketball very much. （理由を答える文に）

_____

3 正しい英文になるように，[   ]内の語句を並べかえなさい。

(1) [you / your / do / homework / When / do]?

_____

(2) [you / clothes / When / do / change / your]?   *clothes：服

_____

(3) [is / Why / sad / she]?

_____

◆ **チャレンジ** ・・・ 解答 ➡ 別冊p.9

英文を日本語に，日本文を英語になおしなさい。

(1) Where is my eraser?   —— It's under the chair.

_____

(2) When is your mother's birthday?   —— It's February 10.

_____

(3) Why do you like fish?   —— Because they're cute.

_____

(4) あなたのおじいさんの家はどこですか。   —— 私の家の隣です。   *～の隣：next to ～

_____

(5) あなたはいつテレビを見ますか。—— 夕食のあとで見ます。

_____

(6) あなたのお母さんはなぜ怒っているのですか。—— 私が朝早く起きないからです。

_____

45

19 howの疑問文①

チャート式シリーズ参考書 >>
第8章 57～59

✎ チェック

空欄をうめて，例文を完成させましょう。

【how「どのようにして」】

① あなたはどのようにして学校へ行きますか。

　── 私は自転車で行きます。

　_____ do you go to school?

　── I go to school _____ bike.

【how「どんなぐあいで」】

② そちらの天気はどうですか。　── 晴れています。

　_____ the weather there?　── _____ sunny.

【How about ～?「～はどうですか」】

③ この黄色いシャツはどうですか。　── いいですね。

　_____ _____ this yellow shirt?　── Nice.

> **ポイント**
>
> **方法・手段をたずねる how**
> 方法・手段をたずねるときは，〈How+一般動詞を用いた疑問文〉を用いる。答えるときは，〈by+交通手段〉，〈with+道具〉などの形で答える。
>
> **状態・様子をたずねる how**
> 状態・様子をたずねるときは，〈How+be動詞を用いた疑問文〉を用いる。
> how isの短縮形はhow'sとなる。
>
> **How about**
> 「～はどうですか」と提案や勧誘をしたり，相手に意見を聞いたりするときは，How about ～?を使う。

✎ トライ

解答 ➡ 別冊p.9

1 日本文に合うように，_____ に適する語を書きなさい。

(1) 彼はどのようにして公園へ行きますか。　── 歩いて行きます。

　_____ does he go to the park?　── He walks.

(2) "friend"は日本語で何と言いますか。　── 友達と言います。

　_____ do you say "friend" in Japanese?　── We say *tomodachi*.

(3) あなたの新しい家はどうですか。　── すばらしいです。

　_____ your new house?　── Wonderful.

(4) 日本での生活はどうですか。　── とても楽しいです。

　_____ your life in Japan?　── It's a lot of fun.

(5) コーヒーはいかがですか。──はい，お願いします。

　_____ _____ some coffee?　── Yes, _____.

> (3), (4)は解答欄に合うように短縮形を使ってね。

　チェックの解答　① How, by　② How's, It's　③ How, about

2 （　　　）内の指示に従って，次の英文を書きなさい。

(1) He eats fish with chopsticks. （下線部を問う疑問文に） *chopsticks：箸

_____

(2) I go to Hokkaido by ship. （Iをyouに変えて下線部を問う疑問文に） *ship：船

_____

(3) It's rainy in London. （下線部を問う疑問文に）

_____

(4) I'm tired. （Iをyouに変えて下線部を問う疑問文に）

_____

3 正しい英文になるように，［　　　］内の語句を並べかえなさい。

(1) ［ does / practice / he / golf / How ］?

_____

(2) ［ do / go / your grandmother's house / How / you / to ］?

_____

(3) ［ your / How's / school / new ］?

_____

💠 チャレンジ ・・ 解答 ➡ 別冊p.10

英文を日本語に，日本文を英語になおしなさい。

(1) How about some cookies? —— Yes, please.

_____

(2) How does your mother cook this vegetable?

_____

(3) How about this yellow flower? —— I like it.

_____

(4) あなたはどうやって英語を勉強しますか。 —— 英語の本を読みます。

_____

(5) 沖縄の天気はどうですか。 —— とても暑いです。

_____

(6) お茶をいかがですか。 —— いいえ，けっこうです。

_____

20 howの疑問文②

チェック

空欄をうめて，例文を完成させましょう。

【How much ～?「いくらですか」】

① この人形はいくらですか。

—— 5,000円です。

_____ _____ is this doll?

—— It's _____ _____ yen.

【How old ～?「何歳ですか」】

② あなたは何歳ですか。

—— 13歳です。

_____ _____ are you?

—— I'm thirteen _____ _____.

【How long ～?「どれくらいの長さですか」】

③ 1つの授業はどれくらいの長さですか。

—— 50分です。

_____ _____ is one class?

—— It's fifty minutes _____.

ポイント

値段をたずねる表現

「いくらですか」とたずねるときは〈How much is[are]+主語?〉の形を使う。

年齢をたずねる表現

「何歳ですか」とたずねるときは〈How old is[are]+主語?〉の形を使う。
「～歳です」と答えるときは，～ year(s) oldを用いる。

長さをたずねる表現

「どれくらいの長さですか」とたずねるときは〈How long is[are]+主語?〉の形を使う。

トライ

解答 ➡ 別冊p.10

1 日本文に合うように，_____ に適する語を書きなさい。

〈How+形容詞[副詞] ～?〉の形で，いろいろな疑問文が作れるね。

(1) あなたは何個のレモンがほしいですか。 —— 3個ほしいです。

_____ _____ lemons do you want?

—— I _____ three.

(2) あなたの身長はどれくらいですか。 —— 160センチメートルです。

_____ _____ are you? —— I'm 160 centimeters _____.

(3) あなたはどれくらいここへ来ますか。 —— 毎日です。

_____ _____ do you come here? —— _____ day.

(4) あなたの学校はどれくらいの古さ(創立何年)ですか。 —— 50年です。

_____ _____ is your school? —— It's fifty years _____.

(5) 図書館はどれくらい遠いですか。 —— ここから5分です。

_____ _____ is the library? —— It's five minutes from here.

チェックの解答 ① How, much, five, thousand ② How, old, years, old ③ How, long, long

2 (　　　) 内の指示に従って，次の英文を書きなさい。

(1) This river is about two kilometers long. （下線部を問う疑問文に）

_____

(2) You practice baseball every Sunday. （howを使って下線部を問う疑問文に）

_____

(3) How much money do you have? （下線部をbooksに変えて）

_____

(4) How much is this bag? （下線部をshoesに変えて）

_____

3 正しい英文になるように，[　　　] 内の語句を並べかえなさい。

(1) [far / it / How / the post office / is / to]?　　　*post office：郵便局

_____

(2) [How / that / tall / man / is]?

_____

(3) [much / do / have / snow / Hokkaido / in / they / How]?

_____

💬 チャレンジ ………………………………………………………… (解答 ➡ 別冊p.10)

英文を日本語に，日本文を英語になおしなさい。

(1) How old is your brother? —— He is ten years old.

_____

(2) How many children does Mr. Johnson have? —— He has two daughters.

_____

(3) How long is this movie? —— It's three hours long.

_____

(4) このかばんはいくらですか。 —— 8,000円です。

_____

(5) あなたは鉛筆を何本持っていますか。 —— 5本持っています。

_____

(6) この木の高さはどのくらいですか。 —— 約6メートルです。　　　*約：about

_____

1 正しい英文になるように，[　　]の中から適切なものを選びなさい。

(1) They go to school [by / with / in] bus.

(2) [Who / Whose / Which] uses this bike?

(3) [Who / Which / When] bag is yours, this or that?

(4) How [many / much / often] do you go to the store?

(5) How [long / far / tall] is it to the airport?

2 次の日本文の意味に合うように，＿＿＿＿＿ に適する語を入れなさい。

(1) あの車は私の父のものです。

　　That car is ＿＿＿＿＿ ＿＿＿＿＿.

(2) これは私の財布です。私はそれをとても気に入っています。

　　This is ＿＿＿＿＿ wallet.　I like ＿＿＿＿＿ very much.

(3) このノートはだれのものですか。

　　＿＿＿＿＿ is this notebook?

(4) せんべいとクッキーではあなたはどちらがほしいですか。

　　＿＿＿＿＿ ＿＿＿＿＿ ＿＿＿＿＿ ＿＿＿＿＿, rice crackers or cookies?

(5) これらのニンジンはいくらですか。

　　＿＿＿＿＿ ＿＿＿＿＿ ＿＿＿＿＿ these carrots?

3 次の対話文が成立するように，（　　）内の指示に従って英文を完成させなさい。

(1) A：＿＿＿＿＿＿＿＿＿＿＿＿＿＿＿＿＿＿＿＿ today?　（下線部を問う疑問文に）

　　B：It's Monday.

(2) A：＿＿＿＿＿＿＿＿＿＿＿＿＿＿＿＿＿＿＿＿ there?　（下線部を問う疑問文に）

　　B：It's sunny.

(3) A：＿＿＿＿＿＿＿＿＿＿＿＿ is your brother?　（下線部を問う疑問文に）

　　B：He's 190 centimeters tall.

(4) A：＿＿＿＿＿＿＿＿ uses this cup?　（下線部を問う疑問文に）

　　B：My mother does.

(5) A：＿＿＿＿＿＿＿＿＿＿＿ these red shoes?　（意見をたずねる疑問文に）

　　B：Good.

4 次の英文を日本語になおしなさい。

(1) She watches baseball with him every day.

_____

(2) What do you do on Sunday?

_____

(3) What is the date today?

_____

(4) Who's that girl?

_____

(5) How do you say "*tonkatsu*" in English?

_____

5 正しい英文になるように，[　　　]内の語句を並べかえなさい。ただし，使わない語がひとつあります。

(1) [She / don't / words / remembers / my / very well].

_____

(2) [shoes / you / mine / These / are].

_____

(3) [that / is / How / tall / mountain / high]?

_____

(4) [time / is / you / leave / What / do / home]?　　　　*leave：出発する

_____

(5) [his / do / homework / he / When / does / time]?

_____

6 次の日本文を英語になおしなさい。

(1) あれらのボールは彼らのものです。

_____

(2) 何時ですか？　—— 10時半です。

_____

(3) あなたは何色が好きですか。　—— 私は緑が好きです。

_____

(4) あなたはなぜこの黄色い車がほしいのですか。　—— なぜなら黄色が好きだからです。

_____

21 現在進行形の文・疑問文・否定文

チャート式シリーズ参考書 >>
第9章 63 ～ 67

チェック

空欄(くうらん)をうめて，例文を完成させましょう。

【He is ～ing.「彼は～しているところです」】

① 彼は今，お昼ご飯を作っているところです。

He ＿＿＿＿＿ ＿＿＿＿＿ lunch now.

【Are you ～ing?「あなたは～しているところですか」】

② あなたは音楽を聞いているところですか。

―― はい，聞いています。／ いいえ，聞いていません。

＿＿＿＿＿ you ＿＿＿＿＿ to music?

―― Yes, I ＿＿＿＿＿. ／ No, ＿＿＿＿＿ ＿＿＿＿＿.

【What are you ～ing?「何を～しているところですか」】

③ あなたは何を探しているのですか。

―― 私はメガネを探しています。

＿＿＿＿＿ ＿＿＿＿＿ you ＿＿＿＿＿ for?

―― I'm looking for my glasses.

【Who is ～ing?「だれが～していますか」】

④ だれが歌っているのですか。　―― ユキです。

＿＿＿＿＿ ＿＿＿＿＿ ＿＿＿＿＿ ? ―― Yuki is.

【I am not ～ing.「私は～しているところではありません」】

⑤ 私はテレビを見ているところではありません。

I ＿＿＿＿＿ ＿＿＿＿＿ ＿＿＿＿＿ TV.

ポイント

現在進行形の文

「今行っている動作」を表すときは〈be動詞＋動詞のing形〉を使う。

現在進行形の疑問文

〈be動詞＋主語＋動詞のing形～?〉の形にする。
答えるときは，〈Yes,＋主語＋is[am, are].／ No,＋主語＋is[am, are]not.〉で表す。

whatを使う疑問文

「何を～しているところですか」とたずねるときは〈What＋現在進行形の疑問文〉とする。
答えるときも現在進行形の形をとる。

whoを使う疑問文

「だれが～していますか」とたずねるときは〈Who is＋動詞のing形 ～?〉とする。
答えるときは〈主語＋be動詞.〉の形で答える。

現在進行形の否定文

現在進行形の文のbe動詞のあとにnotを入れる。

トライ

＿＿＿＿＿ 解答 ➡ 別冊p.11

1 日本文に合うように，＿＿＿＿＿ に適する語を書きなさい。

(1) 彼女は友達を待っているところです。

＿＿＿＿＿＿＿ ＿＿＿＿＿＿＿ for a friend.

(2) ビルはプールで泳いでいるところですか。　―― はい，泳いでいます。

＿＿＿＿＿＿＿ Bill ＿＿＿＿＿＿＿ in the pool? ―― Yes, ＿＿＿＿＿ ＿＿＿＿＿.

チェックの解答　① is, cooking[making]　② Are, listening, am, I'm, not　③ What, are, looking
④ Who, is, singing　⑤ am, not, watching

2 (   )内の指示に従って，次の英文を書きなさい。

(1) He drives a car. （現在進行形の文に）

_____

(2) They make an apple pie. （現在進行形の疑問文に）

_____

(3) I play a game. （現在進行形の否定文に）

_____

(4) My mother is singing in the kitchen. （下線部を問う疑問文に）

_____

3 正しい英文になるように，[   ]内の語句を並べかえなさい。

(1) [dancing / The / are / girls].

_____

(2) [our / looking / dog / We / for / are].

_____

(3) [are / on / watching / your / What / you / smartphone]?

_____

💬 **チャレンジ** ・・・ 解答 ➡ 別冊p.11

英文を日本語に，日本文を英語になおしなさい。

(1) Hiromi is talking about her family.

_____

(2) He is not playing the piano.

_____

(3) What are you doing? —— I'm looking for my wallet.   *wallet：財布

_____

(4) そのイヌは眠っています。

_____

(5) あなたは窓の掃除をしているところですか。 —— いいえ，掃除していません。

_____

(6) だれが公園でサッカーをしているのですか。 —— ジャック（Jack）です。

_____

53

㉒ 過去の文（一般動詞）

チャート式シリーズ参考書 »
第10章 68 ～ 72

✋ チェック

空欄をうめて，例文を完成させましょう。

【I played ～.「私は～しました」】

① 私は昨日，テニスをしました。

I ＿＿＿＿＿＿ tennis yesterday.

【I went to ～.「私は～へ行きました」】

② 私は先週，ペットショップへ行きました。

I ＿＿＿＿＿＿ to a pet shop last week.

【Did you use ～?「あなたは～を使いましたか」】

③ あなたは私の消しゴムを使いましたか。

―― はい，使いました。/ いいえ，使いませんでした。

＿＿＿＿＿＿ you ＿＿＿＿＿＿ my eraser?

―― Yes, I ＿＿＿＿＿. / No, I ＿＿＿＿＿.

【What did you do?「あなたは何をしましたか」】

④ この前の日曜日にあなたは何をしましたか。

―― スーパーへ行きました。

＿＿＿＿＿＿ ＿＿＿＿＿＿ you ＿＿＿＿＿ last Sunday?

―― I ＿＿＿＿＿ to the supermarket.

【I didn't eat ～.「私は～を食べませんでした」】

⑤ 私は今朝，朝食を食べませんでした。

I ＿＿＿＿＿ ＿＿＿＿＿ breakfast this morning.

ポイント

過去の文（規則動詞）

「～した」のような過去の文では動詞を過去形にする。多くの動詞は語尾にedまたはdをつける。

過去の文（不規則動詞）

go→wentのように不規則に変化する動詞もある。

過去のことをたずねる疑問文

〈Did+主語+動詞の原形 ～?〉の形にする。
答えるときは，〈Yes,+主語+did. / No,+主語+didn't.〉とdidを使って表す。

疑問詞を使う文（一般動詞）

〈疑問詞+did+主語+動詞の原形 ～?〉の形にする。
答えるときも過去形を使う。

過去の否定文

動詞の前にdid not [didn't]を置き，動詞は原形にする。

✋ トライ

解答 ➡ 別冊p.11

1 日本文に合うように，＿＿＿＿＿ に適する語を書きなさい。

(1) 私は今朝，部屋の掃除をしました。

I ＿＿＿＿＿＿ my room this morning.

(2) 彼は昨日，サッカーをしませんでした。

He ＿＿＿＿＿ ＿＿＿＿＿ ＿＿＿＿＿ soccer yesterday.

(3) 彼女は先週，この店に来ましたか。 ―― いいえ，来ませんでした。

＿＿＿＿＿＿ she ＿＿＿＿＿ to this store last week? ―― No, she ＿＿＿＿＿.

didは，主語が何であっても形は変わらないよ。

チェックの解答 ① played ② went ③ Did, use, did, didn't ④ What, did, do, went ⑤ didn't, eat[have]

2 （　　）内の指示に従って，次の英文を書きなさい。

(1) I see two cats in the park.　（過去の文に）

_____

(2) He buys a new shirt.　（過去の否定文に）

_____

(3) You know that news.　（過去の疑問文に）

_____

(4) She writes the answer in English.　（過去の疑問文に）

_____

3 正しい英文になるように，[　　]内の語句を並べかえなさい。

(1) [this / Becky / a week ago / book / read].　　　　*a week ago：1週間前

_____

(2) [did / He / bread / yesterday / not / eat].

_____

(3) [do / did / James / homework / his / last night / not].

_____

💠 **チャレンジ** ・・・ 解答 ➡ 別冊p.11

英文を日本語に，日本文を英語になおしなさい。

(1) He visited Australia two years ago.　　　　　　　　*visit：訪れる

_____

(2) We sat on the floor.　　　　　　　　　　　　　　　　*floor：床

_____

(3) Who did this? ── Ken did.

_____

(4) 私は昼食後にオレンジジュースを飲みました。

_____

(5) 彼女は今朝，バナナを2本食べました。

_____

(6) あなたはこの前の土曜日にどこへ行きましたか。 ── 公園へ行きました。

_____

23 過去の文（be動詞）

チャート式シリーズ参考書 >>
第10章 73 ～ 76

✎ チェック

空欄をうめて，例文を完成させましょう。

【It was ～.「～でした」】

① 昨日は晴れていました。

It ＿＿＿＿＿ sunny yesterday.

【Were you ～?「あなたは～でしたか」】

② あなたは昨夜，忙しかったですか。

—— はい，そうでした。/ いいえ，そうではありませんでした。

＿＿＿＿＿ you busy last night?

—— Yes, I ＿＿＿＿＿ . / No, I ＿＿＿＿＿ .

【Where was ～?「～はどこにありましたか」】

③ あなたのかぎはどこにありましたか。

—— ベッドの下にありました。

＿＿＿＿＿ ＿＿＿＿＿ your key?

—— It ＿＿＿＿＿ under the bed.

【It wasn't ～.「それは～ではありませんでした」】

④ スープは熱くありませんでした。

The soup ＿＿＿＿＿ hot.

ポイント

be動詞の過去の文

be動詞で過去のことを表すときは，be動詞の過去形was / wereを使う。

be動詞の過去の疑問文

疑問文にするときは，〈Was [Were]＋主語 ～?〉の形で表す。答えるときは，〈Yes,＋主語＋was [were]. / No,＋主語＋wasn't [weren't].〉を使う。

疑問詞を使う文（be動詞）

〈疑問詞＋was [were]＋主語 ～?〉の形にする。

過去の否定文（be動詞）

否定文は，was / wereのあとにnotを置いて，was not[wasn't] ～ / were not [weren't] ～とする。

✎ トライ

解答 ➡ 別冊p.12

1 日本文に合うように，＿＿＿＿＿ に適する語を書きなさい。

(1) 私はそのとき，疲れていました。

I ＿＿＿＿＿ tired then.

(2) あなたの妹さんは先週，病気でしたか。 —— はい，病気でした。

＿＿＿＿＿ your sister sick last week? —— Yes, she ＿＿＿＿＿ .

(3) あなたの財布はどこにありましたか。 —— かばんの中にありました。

＿＿＿＿＿ ＿＿＿＿＿ your wallet? —— It ＿＿＿＿＿ in my bag.

(4) 彼はそのとき，体育館にいませんでした。

He ＿＿＿＿＿ ＿＿＿＿＿ at the gym then.

> am / is の過去形がwasで，areの過去形がwereだよ。

チェックの解答 ① was ② Were, was, wasn't ③ Where, was, was ④ wasn't

2 （　）内の指示に従って，次の英文を書きなさい。

(1) It's sunny. （過去の文に）

_____

(2) I am in the garden. （過去の否定文に）

_____

(3) The pancake is sweet. （過去の否定文に）

_____

(4) You are late for school. （過去の疑問文に）

_____

3 正しい英文になるように，[　　　]内の語句を並べかえなさい。

(1) [sad / Why / were / then / you]?

_____

(2) [Sendai / was / in / I / not / yesterday afternoon].

_____

(3) [was / barbecue / When / the / party]?　　　　*barbecue：バーベキュー

_____

💮 **チャレンジ** ・・・・・・・・・・・・・・・・・・・・・・・・・・・・・・・・・・・・ 解答 ➡ 別冊p.12

英文を日本語に，日本文を英語になおしなさい。

(1) They were very kind to me.

_____

(2) The curry wasn't spicy.

_____

(3) Was he angry last night?　—— No, he wasn't.

_____

(4) 私はそのとき，博物館にいました。　　　　*博物館[美術館]：museum

_____

(5) 彼女はお腹が減っていませんでした。

_____

(6) 水泳はどうでしたか。　　—— 私は楽しみました。

_____

24 過去進行形の文

チェック

空欄をうめて，例文を完成させましょう。

【I was ～ing.「私は～していました」】

① 私はそのとき，お風呂に入っていました。

I ＿＿＿＿ ＿＿＿＿ a bath then.

【Were you ～ing?「あなたは～していましたか」】

② あなたは眠っていたのですか。

―― はい，眠っていました。/ いいえ，眠っていませんでした。

＿＿＿＿ you ＿＿＿＿ ?

―― Yes, I ＿＿＿＿ . / No, I ＿＿＿＿ .

【What were you doing?「あなたは何をしていましたか」】

③ あなたはあそこで何をしていましたか。

―― 私は友達を待っていました。

＿＿＿＿ ＿＿＿＿ you ＿＿＿＿ there?

―― I ＿＿＿＿ ＿＿＿＿ for a friend.

【I wasn't ～ing.「私は～していませんでした」】

④ 私はあなたの言うことを聞いていませんでした。

I ＿＿＿＿ ＿＿＿＿ to you.

ポイント

過去進行形の文
過去のあるときに行っている最中だった動作を表す文。〈was[were]＋動詞のing形〉で表す。

過去進行形の疑問文
〈Was[Were]＋主語＋動詞のing形 ～?〉の形にする。答え方は，be動詞の過去の疑問文（→p.56）と同じ。

疑問詞を使う文（過去進行形）
〈疑問詞＋was[were]＋主語＋動詞のing形 ～?〉の形にする。答えるときも過去進行形の文を使う。

過去進行形の否定文
否定文は，was / wereのあとにnotを置いて，was not[wasn't] ～ing / were not[weren't] ～ingとする。

トライ

解答 ➡ 別冊 p.12

1 日本文に合うように，＿＿＿＿ に適する語を書きなさい。

動詞のing形の作り方は覚えているかな？

(1) 彼女は音楽室で歌っていました。

She ＿＿＿＿ ＿＿＿＿ in the music room.

(2) 彼は車を運転していませんでした。

He ＿＿＿＿ ＿＿＿＿ ＿＿＿＿ a car.

(3) あなたたちはそのとき，校庭を走っていたのですか。 ―― はい，走っていました。

＿＿＿＿ you ＿＿＿＿ in the schoolyard then? ―― Yes, we＿＿＿＿ .

(4) だれがテニスをしていましたか。 ―― ユミです。

＿＿＿＿ ＿＿＿＿ ＿＿＿＿ tennis? ―― Yumi ＿＿＿＿ .

チェックの解答 ① was, taking ② Were, sleeping, was, wasn't ③ What, were, doing, was, waiting
④ wasn't, listening

2 (　　　)内の指示に従って，次の英文を書きなさい。

(1) I am doing my homework. （過去進行形の文に）

_____

(2) She is eating lunch. （過去進行形の文に）

_____

(3) It was raining this morning. （疑問文に）

_____

(4) We were talking in the library. （否定文に）

_____

3 正しい英文になるように，[　　　]内の語句を並べかえなさい。

(1) [I / my / then / mother / helping / was].

_____

(2) [singing / were / What song / you]?

_____

(3) [were / What / looking / you / for]?

_____

💠 **チャレンジ** ・・・ 解答 ➡ 別冊p.12

英文を日本語に，日本文を英語になおしなさい。

(1) He was waiting for a bus.

_____

(2) My cat wasn't sleeping.

_____

(3) What were you studying in the garden?　── I was studying science.

_____

(4) 私は公園を走っているところでした。

_____

(5) 彼女は電話で話しているところでした。

_____

(6) だれが料理をしていましたか。　── アキラ(Akira)です。

_____

25 There is 〜.の文・疑問文・否定文

チャート式シリーズ参考書 >>
第11章 81 〜 87

✍ チェック

空欄をうめて，例文を完成させましょう。

【There is+単数名詞.「〜があります」「〜がいます」】

① テーブルの上に箱があります。

_____ _____ a box on the table.

【There are+複数名詞.「〜があります」「〜がいます」】

② 体育館に何人かの生徒がいます。

_____ _____ some students in the gym.

【There was 〜.「〜がありました」「〜がいました」】

③ ここには大きな公園がありました。

_____ _____ a big park here.

【Is there 〜?「〜がありますか」「〜がいますか」】

④ あなたの家の近くには駅がありますか。

―― はい，あります。/ いいえ，ありません。

_____ _____ a station near your house?

―― Yes, _____ _____ . / No, _____ _____ .

【How many 〜 are there?「いくつの〜がありますか」】

⑤ その袋に何個のリンゴが入っていますか。

―― 5個のリンゴが入っています。

_____ _____ apples _____ _____ in the bag?

―― _____ _____ five apples.

【There isn't 〜.「〜はありません」「〜はいません」】

⑥ この近くに病院はありません。

_____ _____ a hospital near here.

【There is[are] no 〜.「〜はありません」「〜はいません」】

⑦ 今日は授業がありません。

_____ _____ _____ classes today.

ポイント

There is / are 〜.の文
〈There+be動詞 〜.〉で「〜がある」「〜がいる」の意味を表す。〜が単数名詞ならbe動詞はis，複数名詞ならareを使う。

There was / were 〜.の文
過去の文にしたいときは，be動詞を過去形にする。〜が単数名詞ならbe動詞はwas，複数名詞ならwereを使う。

There is / are 〜.の疑問文
be動詞をthereの前に出して，〈be動詞+there+名詞?〉の形で表す。答えるときは，Yes, there is. / No, there isn't. などで答える。

数をたずねる疑問文
〈How many+名詞の複数形+are there 〜?〉の形で表す。

There is / are 〜.の否定文
be動詞のあとにnotを置く。anyで否定の意味を強調することがある。

noを使った否定文
名詞の前にnoを置いたThere is[are] no 〜.の形で「〜は1つもない」「〜は1人もいない」という否定の意味を表す。not anyを使った文とほぼ同じ意味になる。

✍ トライ

解答 ➡ 別冊p.12

1 日本文に合うように，_____ に適する語を書きなさい。

(1) 池にカモが2羽います。

名詞が単数か複数かでbe動詞を使い分けるよ。

_____ _____ two ducks in the pond.

2 （　　）内の指示に従って，次の英文を書きなさい。

(1) There is a snack on the table. （複数形の文に）

_____

(2) There are many cherry trees in the park. （過去の文に）

_____

(3) There is a convenience store near here. （疑問文に）

_____

(4) There are <u>five</u> rooms in this house. （下線部を問う疑問文に）

_____

3 正しい英文になるように，[　　　]内の語句を並べかえなさい。

(1) [tiger / the cage / is / a / There / in].　　　　　　　　*cage：檻

_____

(2) [were / There / messages / from her / no].

_____

(3) [pharmacy / Is / your / there / a / near / house]?　　　*pharmacy：薬局

_____

💬 **チャレンジ** ·· 解答 ➡ 別冊 p.13

英文を日本語に，日本文を英語になおしなさい。

(1) There is a notebook on the desk.

_____

(2) There was an old house here.

_____

(3) There are no eggs in the refrigerator.　　　　　　*refrigerator：冷蔵庫

_____

(4) 箱の中には3個のオレンジがありました。

_____

(5) この近くにはレストランが1軒もありません。　　　*レストラン：restaurant

_____

(6) この教室には30人の生徒がいます。

_____

26 未来の文①

チャート式シリーズ参考書 >> 第12章 88 ～ 92

チェック

空欄をうめて，例文を完成させましょう。

【I'm going to ～.「私は～するつもりです」】

① 私は明日，おばを訪ねるつもりです。

_____ _____ _____ visit my aunt tomorrow.

【It is going to ～.「～しそうです」】

② もうすぐ雨が降りそうです。

_____ _____ _____ rain soon.

【Are you going to ～?「～するつもりですか」】

③ あなたはバスに乗るつもりですか。

—— はい，乗るつもりです。 / いいえ，乗るつもりはありません。

_____ you _____ _____ take a bus?

—— Yes , I _____. / No, _____ _____.

【How long are you going to ～?「どのくらい～するつもりですか」】

④ あなたはどのくらい滞在する予定ですか。

—— 私は1か月滞在する予定です。

_____ _____ _____ you _____ _____ stay?

—— _____ _____ _____ stay for a month.

【I'm not going to ～.「私は～するつもりはありません」】

⑤ 私はそれを買うつもりはありません。

_____ _____ _____ _____ buy it.

> **ポイント**
>
> **未来の意志や予定を表す文**
> 「～するつもりだ」「～する予定だ」と言いたいときは〈be going to+動詞の原形〉を使う。
>
> **近い未来の予測を表す文**
> be going to ～は，「（今にも）～しそうだ」という意味でも使える。
>
> **be going toの疑問文**
> be動詞を主語の前に出して，〈be動詞＋主語+going to+動詞の原形 ～?〉の形にする。
>
> **疑問詞を使う文**
> 〈疑問詞+be動詞＋主語+going to+動詞の原形 ～?〉の形にする。
>
> **be going toの否定文**
> be動詞のあとにnotを置く。「～するつもりはない」「～する予定はない」という意味を表す。

トライ

解答 ➡ 別冊p.13

1 日本文に合うように，_____ に適する語を書きなさい。

(1) 私たちは明日，買い物へ行く予定です。

_____ _____ _____ go shopping tomorrow.

(2) 彼女は（今にも）眠りそうです。

_____ _____ _____ sleep.

> be動詞は短縮形にすることも多いから，しっかり覚えよう。

2 （　　　）内の指示に従って，次の英文を書きなさい。

(1) You're going to buy a souvenir tomorrow. （疑問文に）　　　*souvenir：おみやげ

_____

(2) I'm going to eat *ramen* for lunch. （否定文に）

_____

(3) She is going to make <u>salad</u>. （下線部を問う疑問文に）

_____

(4) They are going to stay <u>for two weeks</u>. （下線部を問う疑問文に）

_____

3 正しい英文になるように，[　　　]内の語句を並べかえなさい。

(1) [they / a / going / bus / Are / take / to]?

_____

(2) [going / What time / to / are / the party / you / start]?

_____

(3) [go / to / I'm / bus / to / going / school / by].

_____

💬 **チャレンジ** ·· 解答 ➡ 別冊p.13

英文を日本語に，日本文を英語になおしなさい。

(1) My uncle is going to come tomorrow.　　　*uncle：おじ

_____

(2) She's not going to miss this movie.　　　*miss：見逃す

_____

(3) Who's going to sing?　—— Akiko is.

_____

(4) 彼女は明日，テニスをする予定です。

_____

(5) もうすぐ晴れそうです。

_____

(6) 彼はどこに住む予定ですか。

_____

27 未来の文②

チェック

空欄をうめて，例文を完成させましょう。

【I will 〜．「私は〜するつもりです」「私は〜します」】

① 私はあとで彼女にメールします。

_____ e-mail her later.

【He will 〜．「彼は〜するでしょう」】

② 彼はもうすぐここに来るでしょう。

_____ be here soon.

【Will it 〜？「〜するでしょうか」】

③ 明日は晴れるでしょうか。

—— はい，晴れるでしょう。／ いいえ，晴れないでしょう。

_____ it be sunny tomorrow?

—— Yes, it _____. / No, it _____ _____.

【What will you 〜？「何を〜するでしょうか」】

④ 夕食のあと，あなたは何をしますか。 —— 私はテレビを見ます。

_____ _____ you do after dinner?

—— _____ watch TV.

【I won't 〜．「私は〜しないでしょう」】

⑤ 私は二度と遅刻しません。

I _____ be late again.

ポイント

未来の意志や予定を表す will

「〜する」「〜するつもりだ」のような未来の意志や予定は〈will+動詞の原形〉でも表せる。willは主語が何であっても形は変わらない。短縮形は〈主語'll〉となる。

未来の予想を表す will

〈will+動詞の原形〉は「〜するだろう」のように未来の単純な予想を表すこともできる。

未来を表す will の疑問文

willを使った疑問文は〈Will+主語+動詞の原形 〜？〉の形にする。

疑問詞を使う文

〈疑問詞+will+主語+動詞の原形 〜？〉の形にする。

will の否定文

willのあとにnotを置き，「〜するつもりはない」「〜しないだろう」という意味を表す。will notはwon'tと省略されることが多い。

トライ

解答 ➡ 別冊p.13

1 日本文に合うように，_____ に適する語を書きなさい。

(1) 私はあとで外へ出かけます。

I _____ _____ out later.

(2) あなたはよい看護師になるでしょう。

You _____ _____ a good nurse.

(3) 彼は試合に勝つでしょうか。 —— はい，勝つでしょう。

_____ _____ win the game? —— Yes, _____ _____.

> willのあとの動詞は必ず原形になるよ。

チェックの解答 ① I'll ② He'll ③ Will, will, will, not ④ What, will, I'll ⑤ won't

2 （　　　）内の指示に従って，次の英文を書きなさい。

(1) They stay here. （未来の文に）

_____

(2) It is hot. （未来の文に）

_____

(3) She will leave soon. （疑問文に）

_____

(4) We will <u>play basketball</u> after lunch. （Weをyouに変えて下線部を問う疑問文に）

_____

3 正しい英文になるように，[　　　]内の語句を並べかえなさい。

(1) [try / will / I / again].

_____

(2) [Takako / Will / this / like / hat]?　　　　　　　　　　*hat：帽子

_____

(3) [go / I'll / a supermarket / later / to].

_____

✏️ チャレンジ ・・・ 解答 ➡ 別冊p.13

英文を日本語に，日本文を英語になおしなさい。

(1) The problem won't be easy.　　　　　　　　　　　　　　*problem：問題

_____

(2) I'll play a game later.

_____

(3) How will the weather be tomorrow? —— It will be sunny.

_____

(4) 彼女は偉大な歌手になるでしょう。　　　　　　　　　　*偉大な：great

_____

(5) 私のいとこは来月，20歳になります。

_____

(6) もうすぐコンサートが始まります。　　　　　　　　　*コンサート：concert

_____

1 正しい英文になるように，[　　　]の中から適切なものを選びなさい。

(1) My father [do / does / is] working now.

(2) She [won / win / winning] the game last night.

(3) He [studies / studied / studying] hard yesterday.

(4) There [is / are / be] some water in the glass.

(5) Jane is going to [visit / visits / visited] Kyoto tomorrow.

2 次の日本文の意味に合うように，＿＿＿＿＿ に適する語を入れなさい。

(1) 庭に鳥がいます。

　　＿＿＿＿＿ a bird in the garden.

(2) 私はマンガを読んでいるところではありません。

　　＿＿＿＿＿ ＿＿＿＿＿ ＿＿＿＿＿ a comic book.

(3) 彼は私の辞書を使いませんでした。

　　He ＿＿＿＿＿ ＿＿＿＿＿ my dictionary.

(4) 彼女は私の言うことを聞いていませんでした。

　　She ＿＿＿＿＿ listening to me.

(5) 彼らはもうすぐここに来るでしょう。

　　＿＿＿＿＿ be here soon.

3 次の対話文が成立するように，（　　　）内の指示に従って英文を完成させなさい。

(1) A：Did he see the moon last night?　（Yesで答えて）

　　B：＿＿＿＿＿＿＿＿＿＿＿＿＿＿＿＿＿＿＿ .

(2) A：Are they going to take the test?　（Yesで答えて）

　　B：＿＿＿＿＿＿＿＿＿＿＿＿＿＿＿＿＿＿＿ .

(3) A：＿＿＿＿＿＿＿＿＿＿＿＿＿＿＿＿＿ this book?　（場所をたずねる疑問文に）

　　B：I bought it at the bookstore.

(4) A：＿＿＿＿＿＿＿＿＿＿＿＿＿＿＿＿＿ in this house?　（数をたずねる疑問文に）

　　B：There are five cats.

(5) A：＿＿＿＿＿＿＿＿＿＿＿＿＿＿＿＿＿ in London?　（期間をたずねる疑問文に）

　　B：I'm going to stay for a week.

4 次の英文を日本語になおしなさい。

(1) It's not raining today.

_____

(2) He will be a good driver.

_____

(3) She was busy last night.

_____

(4) How many donuts were there in the box?　　　　　　*donut：ドーナツ

_____

(5) What did you do yesterday?　── I went to the museum.

_____

5 正しい英文になるように, [　　　]内の語句を並べかえなさい。ただし, 使わない語がひとつ
あります。

(1) [had / The old man / a / farm / will].　　　　　*farm：農場

_____

(2) [English / took / class / I'm / an / taking].

_____

(3) [a / He / spent / money / not / lot / of].　　　　*spend：（お金を）使う

_____

(4) [is / there / are / There / many / chairs].

_____

(5) [are / about / We / talking / school uniforms / to / our].

_____

6 次の日本文を英語になおしなさい。

(1) 私はバスを待っているところです。

_____

(2) 彼女は私の名前を知っていました。

_____

(3) ここには駅がありました。

_____

(4) 明日の天気はどうですか。　── くもりでしょう。

_____

28 接続詞

チェック

空欄をうめて，例文を完成させましょう。

【and「～と…」】

① 彼女は英語と日本語を話します。

She speaks English ＿＿＿＿＿＿ Japanese.

【and「～そして…」】

② 私はイヌが好きで，（そして）兄はネコが好きです。

I like dogs ＿＿＿＿＿＿ my brother likes cats.

【but「～しかし…」】

③ 私は野球が大好きですが，うまくはありません［いいプレイヤーではありません］。

I love baseball, ＿＿＿＿＿＿ I'm not a good player.

【so「～だから…」「～それで…」】

④ 彼は私のクラスメイトだから，私は彼をよく知っています。

He's my classmate, ＿＿＿＿＿＿ I know him well.

【or「～か…」「～または…」】

⑤ 私は朝食にオレンジかリンゴを食べます。

I have an orange ＿＿＿＿＿＿ an apple for breakfast.

ポイント

接続詞andの働き①
andは「～と…」の意味で，2つ以上の語句と語句を結びつける。

接続詞andの働き②
andは「～そして（して）…」の意味で文と文を結びつける働きもする。

接続詞butの働き
「～しかし…」の意味で，対立する内容の語句と語句，または文と文を結びつける。

接続詞soの働き
「～だから…」「～それで…」のように結果を表すときに使う。

接続詞orの働き
「～か…」「または」「それとも」のように，2つのうちのどちらかを選ぶときに使う。

トライ

解答 ➡ 別冊p.14

1 日本文に合うように，＿＿＿＿＿＿ に適する語を書きなさい。

(1) 私の兄は公園へ行って，バスケットボールをします。

My brother goes to the park ＿＿＿＿＿＿ plays basketball.

(2) 私はラグビーをしませんが，好きです。

I don't play rugby, ＿＿＿＿＿＿ I like it.

(3) 私は牛乳が大好きです。だから私の母は毎日牛乳を買います。

I love milk. ＿＿＿＿＿＿ my mother buys it every day.

(3) soは2つの文に分けて使われることもあるよ。

(4) あなたはイヌかネコが好きですか。 ── ネコが好きです。

Do you like dogs ＿＿＿＿＿＿ cats? ── I like cats.

チェックの解答 ① and ② and ③ but ④ so ⑤ or

2 (   )内の指示に従って，次の英文を書きなさい。

(1) I have a cold. I can't go. （接続詞を使って一文に）

___

(2) It was very hot yesterday. I swam in the pool. （接続詞を使って一文に）

___

(3) Mika is in Class B. I am in Class B. （接続詞を使って一文に）

___

(4) Are you a doctor? Are you a nurse? （接続詞を使って一文に）

___

3 正しい英文になるように，[   ]内の語句を並べかえなさい。

(1) [and / home / rest / Go].   *rest：休む

___

(2) [sofa / but / small / comfortable / This / is].   *comfortable：快適な

___

(3) [is / old / cool / but / Your / car].

___

💬 **チャレンジ** ·· 解答 ➡ 別冊p.14

英文を日本語に，日本文を英語になおしなさい。

(1) I play the piano, but I'm not a good pianist.

___

(2) Please look at this camera and smile.

___

(3) It's sunny today, so let's go out.

___

(4) アキ(Aki)とエミ(Emi)と私はいっしょに学校に来ました。

___

(5) 彼女は無口だけど親切です。   *無口な：silent

___

(6) これはあなたのものですか，それとも彼女のものですか。 ── 彼女のものです。

___

㉙ What 〜! / How 〜!

✅ チェック

空欄をうめて，例文を完成させましょう。

【What 〜!「なんと〜でしょう」】

① なんと天気のいい日でしょう。

_____ a nice day it is!

【How 〜!「なんと〜でしょう」】

② 人生はなんとすばらしいのでしょう。

_____ wonderful life is!

ポイント

whatを使った感嘆文

「なんと〜だろう」のように強い気持ちを伝えたいときは，〈What+ (a [an]) +形容詞+名詞+主語+動詞!〉で表す。

howを使った感嘆文

感嘆文は〈How+形容詞[副詞]+主語+動詞!〉とも表せる。

✅ トライ

解答 ➡ 別冊p.14

1 日本文に合うように，_____ に適する語を書きなさい。

(1) この物語はなんとおもしろいのでしょう。

_____ interesting this story is!

(2) なんとおもしろいテレビ番組だったのでしょう。

_____ a funny TV show that was!

(3) アンナはなんと目が大きいのでしょう。

_____ big eyes Anna has!

(4) 彼はなんと高く跳べるのでしょう。

_____ _____ he can jump!

(5) その花はなんと色鮮やかなのでしょう。

_____ colorful the flower is!

(6) なんとかわいらしいダンスでしょう。

_____ a cute dance!

(7) なんと幸運なのでしょう。

_____ lucky!

(8) なんとすばらしい考えでしょう。

_____ an amazing idea!

WhatかHowかは，次に名詞がくるかどうかが，見分けるポイントだよ。

(2)〈主語+動詞〉の部分に過去形の文を入れて，感想を伝えることもできるね。

(6)〜(8)主語と動詞は省略されることも多いよ。

　チェックの解答　① What　② How

2 ( )内の指示に従って，次の英文を書きなさい。

(1) It's interesting. （感嘆文に）

_____

(2) You are a great cook. （感嘆文に）

_____

(3) How unlucky he is! （平叙文[普通の文]に）

_____

(4) How difficult this question is! （平叙文[普通の文]に）

_____

3 正しい英文になるように，[ ]内の語句を並べかえなさい。

(1) [hard / a / practice / What]!

_____

(2) [name / a / What / funny]!

_____

(3) [is / How / this / beautiful / river]!

_____

💬 **チャレンジ** ・・・ 解答 ➡ 別冊p.15

英文を日本語に，日本文を英語になおしなさい。

(1) How kind you are!

_____

(2) What a tall tree!

_____

(3) How cute the hat is!

_____

(4) なんと美しいのでしょう。

_____

(5) なんと寒い日でしょう。

_____

(6) 彼はなんと強い選手でしょう。

_____

30 want to 〜などの文

チャート式シリーズ参考書 >>
第14章 104

💬 チェック

空欄をうめて，例文を完成させましょう。

【want to 〜「〜したい（と思う）」】

① 私は水を飲みたいです。

I ＿＿＿＿＿ ＿＿＿＿＿ ＿＿＿＿＿ some water.

【like to 〜「〜するのが好きだ」】

② 彼女は本を読むのが好きです。

She ＿＿＿＿＿ ＿＿＿＿＿ ＿＿＿＿＿ books.

【try to 〜「〜しようとする」】

③ 彼はそのドアを開けようとしました。

He ＿＿＿＿＿ ＿＿＿＿＿ ＿＿＿＿＿ the door.

【need to 〜「〜する必要がある」】

④ あなたはよく眠る必要があります。

You ＿＿＿＿＿ ＿＿＿＿＿ ＿＿＿＿＿ well.

ポイント

不定詞

〈to＋動詞の原形〉で「〜すること」の意味を表し，名詞と同じ働きをする。

・want to 〜「〜することがほしい」→「〜したい」

・like to 〜「〜することを好む」→「〜するのが好きだ」

・try to 〜「〜しようとする」→「〜することを試みる」

・need to 〜「〜することが必要だ」→「〜する必要がある」

💬 トライ

解答 ➡ 別冊p.15

1 日本文に合うように，適する語を書きなさい。

(1) 彼女は走ることが好きです。

She ＿＿＿＿＿ ＿＿＿＿＿ ＿＿＿＿＿.

(2) あなたはそこへ行く必要はありません。

You don't ＿＿＿＿＿ ＿＿＿＿＿ ＿＿＿＿＿ there.

(3) 手を洗うのを忘れてはいけません。

＿＿＿＿＿ forget ＿＿＿＿＿ ＿＿＿＿＿ your hands.

(4) 彼女は宿題をし始めましたか。

＿＿＿＿＿ she start ＿＿＿＿＿ ＿＿＿＿＿ her homework?

(5) あなたは何を飲みたいですか。

＿＿＿＿＿ do you ＿＿＿＿＿ ＿＿＿＿＿ ＿＿＿＿＿ ?

(6) また会えるといいですね。

I hope ＿＿＿＿＿ ＿＿＿＿＿ you again.

不定詞として使っている動詞を変化させないようにね！

チェックの解答 ① want, to, drink〔have〕 ② likes, to, read ③ tried, to, open ④ need, to, sleep

2 （　　）内の指示に従って，次の英文を書きなさい。

(1) I want to listen to music. （主語を「彼女」に）

_____

(2) I want to go to the library. （過去の文に）

_____

(3) He likes to take pictures. （疑問文に）

_____

(4) She likes to swim. （否定文に）

_____

3 正しい英文になるように，[　　]内の語句を並べかえなさい。

(1) [to / He / a / be / lawyer / hopes].　　　　*lawyer：弁護士

_____

(2) [You / buy / a / to / need / ticket].

_____

(3) [eat / you / do / to / What / want]?

_____

💠 **チャレンジ** ‥‥‥‥‥‥‥‥‥‥‥‥‥‥‥‥‥‥‥‥‥‥‥ 解答 ➡ 別冊p.15

英文を日本語に，日本文を英語になおしなさい。

(1) What does he want to say?

_____

(2) I don't want to go to the hospital.

_____

(3) My mother forgot to buy milk at the supermarket.

_____

(4) 彼は朝早く起きようとしました。

_____

(5) 彼らは公園でお昼ご飯を食べるのが好きです。

_____

(6) 彼女は着物について知りたいと思っています。　　　　* 着物：kimono

_____

31 look+形容詞

チェック

空欄をうめて，例文を完成させましょう。

【look 〜「〜に見える，〜のようだ」】

① このケーキはおいしそうです［おいしく見えます］。

 This cake _____ good.

【look like 〜「〜に見える，〜のようだ」】

② そのネコは小さなトラのように見えます。

 The cat _____ _____ a small tiger.

ポイント

look 〜 / look like 〜
〈look＋形容詞〉も〈look like＋名詞〉も，「〜に見える」「〜のようだ」という意味。

トライ

解答 ➡ 別冊p.15

1 日本文に合うように，_____ に適する語を書きなさい。

(1) 彼女は怒っているようです。

 She _____ _____.

(2) そのマークは星のように見えます。

 The mark _____ _____ a star.

(3) 彼らは本当に強そうに見えます。

 They _____ really strong.

(4) そのネコはお腹がすいているようでした。

 The cat _____ _____.

(5) 彼は緊張しているように見えませんでした。

 He _____ _____ nervous.

(6) あのおもちゃの虫は本物のように見えます。

 That toy bug _____ _____ a real one.

(7) あなたは疲れているように見えます。

 You _____ tired.

(8) あなたはあなたのお父さんに似ています。

 You _____ _____ your father.

主語が複数か単数かに気を付けて，lookを変化させてね。

(4) 過去の文に使うときはlookを過去形にするよ。

look like＋名詞のlikeは，いつも同じ形だよ。

チェックの解答 ① looks ② looks, like

2 (　　　)内の指示に従って，次の英文を書きなさい。

(1) You look happy. （主語を「彼」に変えて）

_____

(2) She looks sad. （否定文に）

_____

(3) This eraser looks like chocolate. （疑問文に）

_____

(4) The boat looks like <u>a banana</u>. （下線部を問う疑問文に）

_____

3 正しい英文になるように，[　　　]内の語句を並べかえなさい。

(1) [look / Those eggs / ping pong balls / like].

_____

(2) [a / look / doesn't / like / He / doctor].

_____

(3) [looks / This / old / restaurant].

_____

🗨 チャレンジ ·· 解答 ➡ 別冊p.15

英文を日本語に，日本文を英語になおしなさい。

(1) My brother doesn't look like a high school student.

_____

(2) The blue car looks black at night.

_____

(3) She looks young.

_____

(4) 彼は眠そうに見えました。

_____

(5) 彼らは警察官のように見えます。　　　　　　　　　　　*警察官：police officer

_____

(6) この本は何に見えますか。　—— マンガに見えます。

_____

1 正しい英文になるように, [   ]の中から適切なものを選びなさい。

(1) I bought a pencil [so / but / and] an eraser at that store.

(2) She likes swimming, [so / but / or] she often goes to the pool.

(3) I [what / wants / want] to be an English teacher.

(4) He forgot to [buy / bought / buys] onions at the supermarket.

(5) The big dog [look / like / looks] like a wolf.

2 次の日本文の意味に合うように, _____ に適する語を入れなさい。

(1) 彼は早起きして, 公園を走ります。

He _____ up early _____ _____ in the park.

(2) 夕食後, 私はテレビを見るか, お風呂(ふろ)に入ります。

I _____ TV _____ _____ a bath after dinner.

(3) 私は歌を作ろうとしました。

I _____ _____ _____ a song.

(4) 彼女は刺身(さしみ)が食べたかったです。

She _____ _____ _____ sashimi.

(5) このリンゴはおいしそうです。

This apple _____ good.

(6) あなたはなんと幸運なのでしょう。

_____ lucky _____ _____!

3 次の対話文が成立するように, (   )内の指示に従って英文を完成させなさい。

(1) A : Was the park large and clean? (Noで答えて)

B : _____ .

(2) A : Are you and Lisa in the same class? (Yesで答えて)

B : _____ .

(3) A : _____? (下線部を問う疑問文に)

B : I want to go to an amusement park.

(4) A : _____ the garden? (下線部を問う疑問文に)

B : It was small but beautiful.

(5) A : _____ yesterday? (下線部を問う疑問文に)

B : He went to the library and read books.

4 次の英文を日本語になおしなさい。

(1) That house is new and clean.

_____

(2) I don't play baseball, but I like to watch it.

_____

(3) She doesn't want to try new things.　　　　　*thing：こと

_____

(4) These donuts look like balls.

_____

(5) What a nice song!

_____

5 正しい英文になるように，[　　　]内の語句を並べかえなさい。ただし，使わない語がひとつ
あります。

(1) [kind / like / That / looks / man].

_____

(2) [The clouds / have / like / look / cotton candy].　　*cotton candy：わたがし

_____

(3) [bought / ate / but / I / there / a hot dog / and].

_____

(4) [How / are / you / can / high / jump]!

_____

(5) [to / We / a / and / use / computer / need].

_____

6 次の日本文を英語になおしなさい。

(1) このゲームはおもしろそうです。

_____

(2) なんとかわいいのでしょう。

_____

(3) 私はイヌを1匹飼っていて，マミ（Mami）はネコを2匹飼っています。

_____

(4) 私は図書館で本を読むのが好きです。

_____

77

❶ 正しい英文になるように，[　　　]の中から適切なものを選びなさい。[2点×5-10点]

(1) She [like / likes / liking] to read books.

(2) [Can / Are / Does] I buy a ticket here?

(3) [What / Whose / When] time is it now?

(4) [Who / Where / Which] is your racket, this or that?

(5) Mr. Aoki [is / can / does] going to visit Kanazawa next week.

❷ 次の日本文の意味に合うように，＿＿＿＿ に適する語を入れなさい。[完答3点×5-15点]

(1) この家にはエアコンが1つもありません。

　　＿＿＿＿ are ＿＿＿＿ air conditioners in this house.

(2) 彼は私の同級生ですが，私は彼をよく知りません。

　　He's my classmate, ＿＿＿＿ I don't know ＿＿＿＿ well.

(3) 私は毎日，朝食を食べます。

　　I ＿＿＿＿ ＿＿＿＿ every day.

(4) 彼はノートを何冊か買いました。

　　He ＿＿＿＿ ＿＿＿＿ notebooks.

(5) 手伝ってくれませんか。 ── いいですよ。

　　＿＿＿＿ you ＿＿＿＿ me? ── ＿＿＿＿.

❸ 次の対話文が成立するように，(　　　)内の指示に従って英文を完成させなさい。[3点×5-15点]

(1) A：Do you like vegetables?　（Noで答えて）

　　B：＿＿＿＿＿＿＿＿＿＿＿＿＿＿＿.

(2) A：Are you studying English now?　（Yesで答えて）

　　B：＿＿＿＿＿＿＿＿＿＿＿＿＿＿＿.

(3) A：＿＿＿＿＿＿＿＿＿＿＿＿＿＿＿ yesterday?　（下線部を問う疑問文に）

　　B：I went to a department store.

(4) A：＿＿＿＿＿＿＿＿＿＿＿＿＿ for his birthday?　（下線部を問う疑問文に）

　　B：He wants a cell phone.

(5) A：＿＿＿＿＿＿＿＿＿＿＿＿＿ is this?　（下線部を問う疑問文に）

　　B：It's one thousand five hundred yen.

❹ 次の英文を日本語になおしなさい。[4点×5-20点]

(1) Get up.

_____

(2) You look sleepy.

_____

(3) It's going to rain soon.

_____

(4) He was singing in the kitchen then.

_____

(5) Who's that woman? —— She's Mika.

_____

❺ 正しい英文になるように，[   ]内の語句を並べかえなさい。ただし、使わない語がひとつ
あります。[4点×5-20点]

(1) [Do / you / an / teacher / English / Are]?

_____

(2) [ate / chocolate / yesterday / I / can].

_____

(3) [will / They / soon / going / here / come].

_____

(4) [How / cute / are / the / is / rabbit]!

_____

(5) [does / he / last / go / Why / night / did / out]?

_____

❻ 次の日本文を英語になおしなさい。[5点×4-20点]
(1) 私は風邪を引いています。

_____

(2) 彼女はよい医者になるでしょう。

_____

(3) 電車で行きましょう。

_____

(4) これはだれのかばんですか。 —— 私のものです。

_____

初版
第1刷　2021年4月1日　発行
第2刷　2022年2月1日　発行
第3刷　2023年2月1日　発行
第4刷　2024年8月1日　発行

●編　者
　数研出版編集部
●カバー・表紙デザイン
　有限会社アーク・ビジュアル・ワークス

発行者　星野　泰也

ISBN978-4-410-15057-9

チャート式®シリーズ　中学英語　1年　準拠ドリル

発行所　数研出版株式会社

〒101-0052 東京都千代田区神田小川町2丁目3番地3
　　　　　〔振替〕00140-4-118431
〒604-0861 京都市中京区烏丸通竹屋町上る大倉町205番地
〔電話〕代表 (075)231-0161
ホームページ　https://www.chart.co.jp
印刷　河北印刷株式会社

本書の一部または全部を許可なく
複写・複製することおよび本書の
解説・解答書を無断で作成するこ
とを禁じます。

乱丁本・落丁本はお取り替えいたします　240704

答えと解説　1年

1 「私は〜です」「あなたは〜です」の文

トライ　➡本冊p.4

1 (1) am　(2) I'm　(3) are　(4) You're
(5) Are, I, am　(6) Are, I'm

2 (1) You are a member of the basketball club.
(2) Yes, I am.
(3) I am a math teacher.
(4) No, I am not.

3 (1) You are a genius
(2) I am in the art club
(3) I'm a member of the English club

解説

1 (5)疑問文にするときは，be動詞を主語の前に置く。Yes, I am.と答えるときは短縮形にしない。

くわしく!　疑問文の作り方 ……… チャート式シリーズ参考書 ≫ p.36

2 (1)You are→You're, (3)(4)I am→I'mのように短縮形を使うこともできる。

3 (2)inの主な意味は「〜の中に」だが，この場合は「〜に所属している」という意味。

チャレンジ　➡本冊p.5

(1) 私はヤマモト・ミカです。
(2) 私は北海道出身です。
(3) あなたは野球ファンですか。── はい，そうです。
(4) You are [You're] tall.
(5) I am [I'm] fine.
(6) Are you hungry?

解説

(6) 疑問文の終わりにはクエスチョンマーク（?）をつける。

2 「これは〜です」「あれは〜です」の文

トライ　➡本冊p.6

1 (1) That's　(2) This, is
(3) Is, this, Yes, it, is

(4) Is, that, No, it, is, not
(5) What's, It's

2 (1) Is that a dog?
(2) Is this your notebook?
(3) No, it is not [isn't]. /
No, it's not.
(4) Yes, it is.

3 (1) What, this　(2) What
(3) What's　(4) What, is

解説

3 「何であるか」をたずねるときは，疑問文の前にwhatを置く。

くわしく!　whatを使った疑問文
…………………………… チャート式シリーズ参考書 ≫ p.39

チャレンジ　➡本冊p.7

(1) こちらはリサです。
(2) あれは図書館ですか。
── いいえ，ちがいます。それは学校です。
(3) あれは何ですか。── それは東京駅です。
(4) This is an egg.
(5) Is that your racket? ── Yes, it is.
(6) What is [What's] this?
── It is [It's] tempura.

解説

(1) This is 〜.は，近くの人を指して「こちら（この人）は〜です。」と人を紹介するときにも使う。

3 「彼は〜です」「彼女は〜です」の文

トライ　➡本冊p.8

1 (1) She, is　(2) He's　(3) He, is
(4) Who's, She, is　(5) Who's, He's

2 (1) He is [He's] a singer.
(2) Yes, he is.
(3) She is [She's] always funny.
(4) He is [He's] my brother.

1

3 (1) She is my sister

(2) He is an English teacher

(3) He is in Shizuoka now

解説

1 (5)「～とはだれですか」とたずねるときも，Who is［Who's］～?を使う。

> くわしく! whoを使った疑問文
> .... チャート式シリーズ参考書 >> p.42

3 (3) am / are / isのあとに「場所」を表す語句がくると，「～にいる（ある）」の意味になる。

チャレンジ ➡本冊p.9

(1) こちらは私の父です。彼は数学の教師です。

(2) 彼女はピアニストです。

(3) あの男性はだれですか。—— 彼はケイです。

(4) Is she a soccer player?
 —— Yes, she is.

(5) He is［He's］from Osaka.

(6) Who is［Who's］Ami?
 —— She is［She's］my classmate.

解説

(4) Yesと答えるときは短縮できない。× Yes, she's.

4「～ではありません」の文

トライ ➡本冊p.10

1 (1) am, not (2) are, not (3) is, not

(4) is, not (5) not (6) She's (7) isn't

(8) not (9) isn't (10) isn't

2 (1) My father is not［isn't］tall.

(2) This is not［isn't］a bat.

(3) She is［She's］happy.

(4) I am［I'm］hungry.

3 (1) That is not a dog

(2) Mr. Aoki is not an astronaut

(3) She isn't an English teacher

解説

1 (1)(8) am notの短縮形はないことに注意。

チャレンジ ➡本冊p.11

(1) これは私の教科書ではありません。

(2) 私はヤマダ・ミカではありません。

(3) 彼は疲れていません。

(4) She is not［isn't］angry.

(5) This is not［isn't］a map.

(6) That is not［isn't］a dolphin.

解説

(4) She is notをShe's notとしてもよい。

(6) That is notをThat's notとしてもよい。

第2章 like, haveの文

5 一般動詞の文・疑問文・否定文

トライ ➡本冊p.12

1 (1) want (2) Do, have, don't

(3) What, buy

2 (1) I don't［do not］like spicy food.

(2) Do you have a key?

(3) I speak Japanese at home.

(4) Where do you play basketball?

3 (1) Do you like curry and rice

(2) I don't have a piano

(3) What do you want for a present

解説

1 (3) buy「～を買う」

> くわしく! 一般動詞の種類 ……… チャート式シリーズ参考書 >> p.52

チャレンジ ➡本冊p.13

(1) 私は青森に住んでいます。

(2) あなたはとても速く歩きます。

(3) あなたはこの歌を知っていますか。

(4) You speak Japanese very well.

(5) I don't［do not］like vegetables.

(6) Where do you study English?

解説

(2) walk「歩く」，(3) know「～を知っている」，(6) study「～を勉強する」

確認問題① ➡本冊p.14

1 (1) am (2) isn't (3) don't (4) Is

(5) do

2 (1) This, is (2) Are, you, from

(3) Do, you, like

(4) don't, like (5) What's, that

3 (1) Yes, I do

(2) No, I don't[do not]

(3) Is he a teacher

(4) When do you play baseball

(5) Where do you play the piano

4 (1) 私は日本に住んでいます。

(2) 私は家では英語を話しません。

(3) あれは動物園ですか。

(4) 彼はラグビー選手です。

(5) あなたは音楽が好きですか。

5 (1) She is my best friend

(2) When do you have breakfast

(3) How do you go to school

(4) I have a question

(5) He is busy this week

6 (1) This is my father.

(2) I don't[do not] drink[have] coffee.

(3) Do you like Japanese food?

(4) When do you study English?

解説

3 (1)(2) Do you ～?の疑問文には，doを使って答える。
Yes / Noのあとにコンマ(，)を忘れずに。

5 (4)「質問を持っています」→「質問があります」

第3章 canの文

6 canの文・疑問文・否定文

トライ ➡本冊p.16

1 (1) can (2) Can, can

(3) Where, can, I[we], can

(4) can't[cannot]

2 (1) She can draw pictures very well.

(2) Can Mr. Smith play the violin?

(3) Tom can't[cannot] use this
computer.

(4) Yes, I can.

3 (1) You can do it

(2) How can I buy a ticket

(3) Can you hear me

解説

1 (4) can't[cannot]は can not と分けて書かない。

くわしく! canの否定文 ………… チャート式シリーズ参考書 >> p.69

3 (1)「あなたならできる」と，相手を励ます表現。
(3) meは，この場合「私の声」という意味。

チャレンジ ➡本冊p.17

(1) 私は肉を食べることができません。

(2) ニックは日本の歌を歌うことができます。

(3) あなたはいつ宿題を終えられますか。

(4) He can run fast.

(5) I can sleep anywhere.

(6) Can Ayako speak English?
—— Yes, she can.

解説

(4) ○fast「(動作が)速い」，×early「(時間が)早い」

7 許可・依頼を表す can

トライ ➡本冊p.18

1 (1) Can, I, Sure

(2) Can, I, you, can't[cannot]

(3) Can, I, of, course

(4) Can, I, speak

(5) Can, you, Sure

(6) Can, you, All, right

2 (1) Can I stay here?

(2) Can I speak Japanese?

(3) Can you take me to the station?

(4) Can you play the guitar at
the party?

3 (1) Can you carry this bag for me

(2) Can I swim in this pool

(3) Can I help you

1 (1)(5) Sure は Yes や OK でも正解。

<kwaしく! 許可・依頼を表す can
.... チャート式シリーズ参考書 >> p.70

2 (3) take「連れていく」

3 (3)「お手伝いしましょうか」または「(店などで) いらっしゃいませ」の意味。

チャレンジ →本冊 p.19

(1) ここでお昼ご飯を食べてもいいですか。
  —— はい，もちろんです。

(2) この自転車に乗ってもいいですか。
  —— いいですよ。

(3) 私といっしょに来てくれませんか。
  —— ごめんなさい，行けません。

(4) Can I open the window?
  —— Sure[OK / Yes].

(5) Can you wash the dishes?
  —— All right.

(6) May I use your pen?
  —— Yes, of course.

解説

(5) All right は OK や Yes, Sure と答えてもよい。
(6) May I ～? は，許可を求めるときのていねいな言い方。

第4章 命令文

8 相手に命令や依頼をする文

トライ →本冊 p.20

1 (1) Look (2) Repeat (3) close
  (4) Wait, please
  (5) Please, come, Sure[OK / Yes]
  (6) Please, sit (7) Be, please

2 (1) Go down this street.
  (2) Be a good student.
  (3) George, go to bed.
  (4) Please call me Ken.
    [Call me Ken, please.]

3 (1) Read this book
  (2) Please enjoy your meal
  (3) Have a good day, Harry

解説

1 命令文の主語は省略する。

<kwaしく! 命令文の作り方 …… チャート式シリーズ参考書 >> p.78

2 (1)「この道をずっと行って」という意味。道案内をするときは please をつけなくてもよい。
  (2) are は be 動詞なので，原形は be。

3 (2)「あなたの食事を楽しんでください」→「どうぞ召し上がれ」，(3)「よい一日を持って」→「よい一日を (過ごして)」の意味。

チャレンジ →本冊 p.21

(1) 教室を掃除しなさい。
(2) 私を手伝ってください (助けてください)。
(3) お年寄りには親切でありなさい。
(4) Use this pen.
(5) Do your homework.
(6) Stand up, Miki.

解説

(6) Miki, stand up. も正解。

9 いろいろな命令文

トライ →本冊 p.22

1 (1) Don't, run (2) Don't
  (3) Don't, please (4) Let's, start
  (5) Let's, take, Yes, let's
  (6) Let's, meet, let's, not, Let's, meet

2 (1) Don't give up.
  (2) Don't be late for school.
  (3) Let's not go out.
  (4) Yes, let's.

3 (1) Let's play a game
  (2) Don't sleep on the sofa
  (3) Don't be afraid, please

解説

1 (4) start は begin でも正解。
2 (3) go out「出かける」
3 (2) on の主な意味は「～の上に」。

チャレンジ →本冊 p.23

(1) このボタンを押してはいけません。
(2) 図書館でしゃべってはいけません。

(3) バスケットボールをしましょう。
　　── いいですよ。

(4) Don't eat this apple.

(5) Don't lose this key, please.

(6) Let's have［eat］lunch in the park.
　　── Yes, let's.

解説

(5) Please don't lose this key. も正解。

確認問題② ⇒本冊p.24

1 (1) can　(2) Can　(3) May　(4) Wash
　　(5) Let's

2 (1) can, write　(2) can't［cannot］, hear
　　(3) Can, I, borrow　(4) Don't, touch
　　(5) Let's, not, go

3 (1) Yes, I can
　　(2) No, she can't［cannot］
　　(3) Can you　(4) Can I
　　(5) No, let's not

4 (1) ペンギンは飛ぶことができません。
　　(2) あなたはここから富士山を見ることができ
　　　ます。
　　(3) 私のために誕生日ケーキを作ってくれませ
　　　んか。── いいですよ。
　　(4) 早く寝なさい。
　　(5) 怒らないでください。

5 (1) I can stay home all day
　　(2) Can I take a picture with you
　　(3) Can you help me
　　(4) Don't play soccer in this park
　　(5) Please call me Emi

6 (1) I can't［cannot］drink milk.
　　(2) Can I use your umbrella?
　　(3) Where can I buy stamps?
　　(4) Let's sing together.

解説

3 (2) 答えるときはNaokoを代名詞（she）に変える。
4 (3) Can you ～?は「～してくれませんか」という依頼の意味。
5 (2) 疑問文なのでLet'sで始めることはできない。

🔟 名詞の複数形

トライ ⇒本冊p.26

1 (1) two, cats　(2) three, pens
　　(3) four, cities　(4) five, men
　　(5) How, many, books, six
　　(6) seven, sheep

2 (1) I buy eight tomatoes.
　　(2) I need two ID photos.
　　(3) You have a child.
　　(4) How many boxes do you want?

3 (1) I eat three eggs for breakfast
　　(2) I like coffee
　　(3) How many cups do you need

解説

1 (3) 子音 +y で終わる語は y を i にかえて es をつける。
　　(4) man の複数形は s や es をつけず，men になる。
　　(6) sheep「ヒツジ」は単数形と複数形が同じ。
3 (2) coffee は数えられない名詞。

くわしく！　数えられない名詞 ……… チャート式シリーズ参考書 》》 p.91

チャレンジ ⇒本冊p.27

(1) 私は3つの言語を話します。
(2) あなたは2台の自転車を持っています。
(3) 2脚の椅子を使ってもいいですか。
(4) I have two sisters.
(5) Do you have two dictionaries?
(6) How many rice balls do you buy?
　　── I buy two.

解説

(6) rice「米」は数えられない名詞だが，rice ball「おにぎ
り」は数えられる。

🔟 「いくつかの～」

トライ ⇒本冊p.28

1 (1) some, books　(2) some, water
　　(3) some, tea　(4) any, words
　　(5) any, friends

5

(6) don't, any, money

(7) don't, any, dictionaries

2 (1) I don't[do not] have any comic books in my bag.

(2) I don't[do not] need any sugar.

(3) Do you have any time today?

(4) Do you know any students in this school?

3 (1) I have no brothers

(2) You have many good friends

(3) I know a few foreign actors

解説

1 (2)(3)(6)数えられない名詞なので s/es はつかない。

2 (1)(2)some を no に変える形でもよい。

くわしく！ not any ～の言い換え
················· チャート式シリーズ参考書 >> p.94

チャレンジ ➡本冊p.29

(1) 私はたくさんのかばんを持っています。

(2) 私はパンが欲しいです。

(3) あなたは英語の歌を知っていますか。
—— はい，知っています。

(4) I buy some oranges.

(5) I don't[do not] have any watches.

(6) Do you have many[a lot of] pens now? —— No, I don't[do not].

解説

(1) (6) a lot of「たくさんの」は数，量どちらにも使える。

(5) I have no watches. でもよい。

🔢 主語が複数形の文

トライ ➡本冊p.30

1 (1) You, are, students (2) are, not

(3) Are, and, we, are (4) like

(5) don't, watch

(6) Are, those, they, aren't

(7) are, these, They, are

2 (1) Bill and I are hungry.

(2) These are my pencils.

(3) You are members of the tennis club.

(4) No, they don't.

3 (1) We don't live in Tokyo

(2) Your children are very kind

(3) Mr. and Mrs. Koshino have two dogs

解説

1 (4)(5) 主語が複数のとき，一般動詞は I / you が主語のときと同じく s, es がつかない。

2 (4)they は「彼ら / 彼女ら / それら」を表す代名詞。

くわしく！ 複数を表す名詞が主語の文
····················· チャート式シリーズ参考書 >> p.97

3 (3) Mr. and Mrs. ～「～夫妻」

チャレンジ ➡本冊p.31

(1) その男の子たちは学校まで走ります。

(2) アイコとメイコは台所にいます。

(3) これらは私の CD ではありません。

(4) They are young.

(5) We are not[aren't] sleepy.

(6) Are you baseball players?
—— Yes, we are.

解説

(6) player に s をつけるのを忘れずに。

第6章 likes, has の文

🔢 3人称単数現在の文・疑問文・否定文

トライ ➡本冊p.32

1 (1) lives (2) Does, cook, he, does

(3) What, does, drink[have], drinks[has]

(4) doesn't, eat[have]

2 (1) She speaks Japanese.

(2) Mr. Kawata doesn't[does not] like dogs.

(3) Does Shiho practice volleyball every day?

(4) No, she doesn't[does not].

3 (1) Ms. Brown uses this computer

(2) He doesn't have any homework
today

(3) Does this boy play tennis well

解説

2 (2)(3)(4) 3人称単数現在の否定文や疑問文では does
を使い，動詞は原形に戻す。

くわしく！ 3人称単数現在の疑問文・否定文
.... チャート式シリーズ参考書 >> p.108-110

チャレンジ →本冊p.33

(1) 彼は家で仕事をします。

(2) 彼女はバスで学校へ行きます。

(3) 彼女は手に何を持っていますか。
—— 消しゴムを持っています。

(4) She studies math every day.

(5) He knows my brother.

(6) Does that cat eat[have] fruit?
—— No, it doesn't[does not].

解説

(6) 単数の動物を代名詞にするときは it を使う。

確認問題③ →本冊p.34

❶ (1) likes (2) don't (3) Does (4) has
(5) study

❷ (1) have, two, watches (2) likes
(3) drinks[has], two, cups (4) They, go
(5) Those, are, not

❸ (1) Yes, we are
(2) No, they don't[do not]
(3) How many (4) Yes, she does
(5) What does

❹ (1) 私のいとこは京都に住んでいます。
(2) あなたたちはよい生徒です。
(3) 彼はイヌを飼っていません。
(4) タロウは早く起きます。
(5) ショウゴはクリスマスに何がほしいですか。

❺ (1) He doesn't like soy milk.
(2) My father takes me to
the station

(3) I have a little money now

(4) My mother and I like cake

(5) She buys some bananas at
the supermarket

❻ (1) He likes this song.
(2) I have some cameras.
(3) These are my pens.
(4) Does she drive a car?
—— Yes, she does.

解説

❶ (2)(5) 主語が複数であることに注意。

❹ (2) students と複数形になっているので，この you は
「あなたたち」という意味だとわかる。

❻ (2)「いくつか」を表現したいときは some を使う。

第7章 代名詞

⓮ 代名詞

トライ →本冊p.36

❶ (1) We, We, them (2) This, He, our
(3) His, his (4) Mariko's, She, it
(5) her (6) My, Yours (7) their, Yours

❷ (1) Do you know her?
(2) Do you remember them?
(3) He is[He's] my teammate.
(4) They play tennis with me every
Sunday.

❸ (1) Come with us, please
(2) She is his mother
(3) Does he have breakfast with them

解説

❸ (3) 前置詞（with）のあとは「～を（に）」を表す代名詞を
使う。

くわしく！「～を」「～に」を表す代名詞
.... チャート式シリーズ参考書 >> p.120

チャレンジ →本冊p.37

(1) 彼はあなたを知りません。

(2) あなたはよいコンピューターを持っています。
それを使いなさい。

(3) 私たちの旗は赤です。彼らのものは白です。

(4) **This notebook is mine.**

(5) **These rackets are ours.**

(6) **Can you write your name in English?**

解説

(1) (2) you は単複同形なので「あなたたち」でもよい。

第8章　疑問詞で始まる疑問文

15 **what**の疑問文①

トライ　➡本冊p.38

1 (1) What, They're　(2) What

(3) What, do, read

(4) What, color, It's

(5) What, sport[s], I, like

2 (1) What do you have in your bag?

(2) What animal[s] does she like?

(3) What sports does your father play?

(4) What fruit[s] do you like?

3 (1) What do you bring for lunch

(2) What does your mother do
after dinner

(3) What size are your shoes

解説

1 (5) 答えがいくつかあることが想定されるときは, sportsと複数形にする。

2 (1) What is [What's] in your bag? もほぼ同じ意味。

3 (3) 「何サイズ」と靴のサイズをたずねる表現。

チャレンジ　➡本冊p.39

(1) (あなたは)どうしましたか。
―― 私は頭が痛いです。

(2) 彼女は朝食に何を食べますか。
―― 彼女はおにぎりを食べます。

(3) あの男の子の名前は何ですか。
―― 彼の名前はシュンスケです。

(4) What do you do?
―― I am [I'm] a nurse.

(5) What Japanese food do you like?

―― I like sushi.

(6) **What is that small animal?**
―― **It is [It's] a mouse.**

解説

(1) 症状をたずねる表現。

(4) 職業をたずねる表現。What is your job? でも正解。

16 **what**の疑問文②

トライ　➡本冊p.40

1 (1) What, time, now, two, fifteen

(2) What, time, At, eight

(3) What, day, today, Wednesday

2 (1) What time do you have lunch?

(2) What time is it in New York?

(3) He goes to bed at eleven.

(4) It is [It's] January 1.

3 (1) What time does your mother
go shopping

(2) What is the date of Christmas

(3) What time does this store open

解説

3 (3) この open は「(店などが)開く」の意味。

チャレンジ　➡本冊p.41

(1) ジャックは何時に家に着きますか。
―― 彼は8時に家に着きます。

(2) 今日は何曜日ですか。―― 木曜日です。

(3) 今日は何月何日ですか。―― 6月2日です。

(4) **What time is it now?**
―― **It is [It's] three [o'clock].**

(5) **What time do you get up?**
―― **I get up at seven thirty.**

(6) **What time is it there?**
―― **It is [It's] five [o'clock] in
the morning.**

解説

(6) It is [It's] 5 a.m. でもよい。

17 who / whose / which の疑問文

トライ ➡本冊 p.42

1 (1) Who, uses, does　(2) Whose, hers

　　(3) Which, one

2 (1) Who cooks dinner?

　　(2) Who is[Who's] Ayana?

　　(3) It is[It's] his.

　　(4) I like dogs.

3 (1) Whose keys are these

　　(2) Who helps your mother

　　(3) Which train goes to London

解説

1 (1) who は 3 人称単数扱いなので 3 単現の s が必要。

3 (1) Whose are these keys? も正解。

くわしく! whose の疑問文 …… チャート式シリーズ参考書 >> p.134

チャレンジ ➡本冊 p.43

(1) ビーフとチキンではあなたはどちらが好きです
　　か。── 私はビーフが好きです。

(2) これらのペンはだれのものですか。

　　── 彼女の（もの）です。

(3) だれがギターを弾きますか。── 私が弾きます。

(4) Who is[Who's] that tall boy?

　　── He is[He's] Kazuya.

(5) Whose eraser is this?

　　── It is[It's] Jane's.

(6) Which do you like, summer or

　　winter? ── I like winter.

解説

(5)「だれの消しゴム」なので，Whose eraser とする。

18 where / when / why の疑問文

トライ ➡本冊 p.44

1 (1) Where's, on　(2) Where, here

　　(3) When, May　(4) When, after

　　(5) Why, Because

2 (1) Where do you live?

　　(2) Where does he study?

　　(3) Why do you play basketball

　　　 every day?

　　(4) Because I like basketball very much.

3 (1) When do you do your homework

　　(2) When do you change your clothes

　　(3) Why is she sad

解説

3 (2) この change は「着替える」の意味。

チャレンジ ➡本冊 p.45

(1) 私の消しゴムはどこにありますか。

　　── 椅子の下にあります。

(2) あなたのお母さんの誕生日はいつですか。

　　── 2 月 10 日です。

(3) あなたはなぜ魚が好きなのですか。

　　── なぜならそれらはかわいいからです。

(4) Where is[Where's] your grandfather's

　　house?

　　── It is[It's] next to my house.

(5) When do you watch TV?

　　── I watch it[TV] after dinner.

(6) Why is your mother angry?

　　── Because I don't get up early

　　in the morning.

解説

(3) they は魚を指しているので「それら」と訳す。

19 how の疑問文①

トライ ➡本冊 p.46

1 (1) How　(2) How　(3) How's　(4) How's

　　(5) How, about, please

2 (1) How does he eat fish?

　　(2) How do you go to Hokkaido?

　　(3) How is[How's] the weather

　　　 in London?

　　(4) How are you?

3 (1) How does he practice golf

　　(2) How do you go to your

grandmother's house

(3) How's your new school

解説

1 (2)「〜は日本語で何と言いますか」とたずねるときは，howを使う。
2 (3)(4) 天気や体調などの様子をたずねる表現。

チャレンジ ➡本冊p.47

(1) クッキーはいかがですか。

── はい，お願いします。

(2) あなたのお母さんはこの野菜をどうやって料理しますか。

(3) この黄色の花はいかがですか。

── 気に入っています。

(4) How do you study English?

── I read English books.

(5) How is[How's] the weather in Okinawa? ── It is[It's] very hot.

(6) How about some tea?

── No, thank you.

解説

(1) この場合のsomeは訳さなくてよい。

⑳ howの疑問文②

トライ ➡本冊p.48

1 (1) How, many, want (2) How, tall, tall
  (3) How, often, Every
  (4) How, old, old (5) How, far
2 (1) How long is this river?
  (2) How often do you practice baseball?
  (3) How many books do you have?
  (4) How much are these shoes?
3 (1) How far is it to the post office
  (2) How tall is that man
  (3) How much snow do they have in Hokkaido

解説

1 (4) ものが「できてどれくらいか」もhow oldを使う。

2 (3) booksは数えられるのでHow manyに変える。
3 (1) 距離をたずねる表現。(3)量をたずねる表現。

くわしく！ How+形容詞［副詞］の疑問文 ……………………………… チャート式シリーズ参考書 ≫ p.146

チャレンジ ➡本冊p.49

(1) あなたの弟（お兄さん）は何歳ですか。

── 10歳です。

(2) ジョンソンさんには何人の子どもがいますか。

── 彼には2人の娘がいます。

(3) この映画はどれくらい長いですか。

── 3時間です。

(4) How much is this bag?

── It is[It's] eight thousand yen.

(5) How many pencils do you have?

── I have five.

(6) How tall is this tree?

── It is[It's] about six meters tall.

解説

(2)「子どもを持っていますか」→「子どもがいますか」

確認問題④ ➡本冊p.50

1 (1) by (2) Who (3) Which (4) often
  (5) far
2 (1) my, father's (2) my, it (3) Whose
  (4) Which, do, you, want
  (5) How, much, are
3 (1) What day is it
  (2) How is[How's] the weather
  (3) How tall (4) Who
  (5) How about
4 (1) 彼女は彼と毎日野球を見ます。
  (2) あなたは日曜日に何をしますか。
  (3) 今日は何月何日ですか。
  (4) あの女の子はだれですか。
  (5)「トンカツ」は英語で何と言いますか。
5 (1) She remembers my words very well
  (2) These shoes are mine
  (3) How high is that mountain

(4) What time do you leave home

(5) When does he do his homework

6 (1) Those balls are theirs.

(2) What time is it?

—— It is［It's］ten thirty.

(3) What color do you like?

—— I like green.

(4) Why do you want this yellow car?

—— Because I like yellow.

解説

3 (1) What day of the week is it も正解。

5 (3)山の高さをたずねるときは how high を使う。

第9章　現在進行形の文

㉑ 現在進行形の文・疑問文・否定文

トライ ➡本冊p.52

1 (1) She's, waiting

(2) Is, swimming, he, is

2 (1) He is［He's］driving a car.

(2) Are they making an apple pie?

(3) I am［I'm］not playing a game.

(4) Who is［Who's］singing in
the kitchen?

3 (1) The girls are dancing

(2) We are looking for our dog

(3) What are you watching
on your smartphone

解説

1 (2) swim は，末尾の m を重ねて ing をつける。

2 (1)(2) e で終わる動詞は e を取って ing をつける。

くわしく！ 動詞の ing 形の作り方
.... チャート式シリーズ参考書 ≫ p.155

3 (2) look for ～「～を探す」

チャレンジ ➡本冊p.53

(1) ヒロミは彼女の家族について話しています。

(2) 彼はピアノを弾いているところではありません。

(3) あなたは何をしているのですか。

—— 財布を探しています。

(4) The dog is sleeping.

(5) Are you cleaning the window?

—— No, I am［I'm］not.

(6) Who is［Who's］playing soccer
in the park? —— Jack is.

解説

(1) talk about ～「～について話す」

第10章　過去の文

㉒ 過去の文（一般動詞）

トライ ➡本冊p.54

1 (1) cleaned　(2) did, not, play

(3) Did, come, didn't

2 (1) I saw two cats in the park.

(2) He did not［didn't］buy
a new shirt.

(3) Did you know that news?

(4) Did she write the answer
in English?

3 (1) Becky read this book a week ago

(2) He did not eat bread yesterday

(3) James did not do his homework
last night

解説

2 (2)(3)(4) 否定文，疑問文の動詞は必ず原形にする。

3 (1) read の過去形は read。発音は［red レッド］。

くわしく！ 不規則動詞 ……………… チャート式シリーズ参考書 ≫ p.168

チャレンジ ➡本冊p.55

(1) 彼は2年前にオーストラリアを訪れました。

(2) 私たちは床（の上）に座りました。

(3) だれがこれをしたのですか。

—— ケンがしました。

(4) I drank orange juice after lunch.

(5) She ate two bananas this morning.

(6) Where did you go last Saturday?

—— I went to the park.

(3) 「だれが〜しましたか」は〈Who+動詞の過去形 〜?〉で表す。

(4) (5)drank，ate は had でも正解。

23 過去の文（be動詞）

トライ →本冊 p.56

1 (1) was (2) Was, was

(3) Where, was, was (4) was, not

2 (1) It was sunny.

(2) I was not［wasn't］in the garden.

(3) The pancake was not［wasn't］ sweet.

(4) Were you late for school?

3 (1) Why were you sad then

(2) I was not in Sendai yesterday afternoon

(3) When was the barbecue party

解説

1 (3)(4) was / were の後ろに場所を表す語句がくると「〜にいた（あった）」の意味になる。

チャレンジ →本冊 p.57

(1) 彼らは私にとても親切でした。

(2) そのカレーは辛くありませんでした。

(3) 彼は昨夜，怒っていましたか。

── いいえ，彼は怒っていませんでした。

(4) I was in the museum then.

(5) She was not［wasn't］hungry.

(6) How was the swimming?

── I enjoyed it.

解説

(4) in は at，then は at that time としてもよい。

(6) 答えの一般動詞も過去形にすることに注意。

24 過去進行形の文

トライ →本冊 p.58

1 (1) was, singing

(2) was, not, driving

(3) Were, running, were

(4) Who, was, playing, was

2 (1) I was doing my homework.

(2) She was eating lunch.

(3) Was it raining this morning?

(4) We were not［weren't］ talking in the library.

3 (1) I was helping my mother then

(2) What song were you singing

(3) What were you looking for

解説

過去形は「すでに終わった動作」，過去進行形は「過去のあるときに行われている最中だった動作」を表す。

くわしく！ 過去形との意味の違い

.... チャート式シリーズ参考書 ≫ p.177

チャレンジ →本冊 p.59

(1) 彼はバスを待っているところでした。

(2) 私のネコは眠っていませんでした。

(3) あなたは庭で何を勉強していたのですか。

── 理科を勉強していました。

(4) I was running in the park.

(5) She was talking on the phone.

(6) Who was cooking? ── Akira was.

解説

(6) who を主語にしてたずねる。答え方にも注意。

第11章 There is 〜．の文

25 There is 〜．の文・疑問文・否定文

トライ →本冊 p.60

1 (1) There, are

2 (1) There are［There're］snacks on the table.

(2) There were many cherry trees in the park.

(3) Is there a convenience store near here?

(4) How many rooms are there in this house?

3 (1) There is a tiger in the cage

(2) There were no messages from her

(3) Is there a pharmacy near
    your house

解説

There is ～.の文で「～が」にあたる語句は，初めて話題
にする不特定のものや人でなくてはならない。

くわしく！ There is ～.の文を使う場面
.... チャート式シリーズ参考書 >> p.194

チャレンジ ➡本冊p.61

(1) 机の上にノートがあります。

(2) ここには古い家がありました。

(3) 冷蔵庫の中に卵が1つもありません。

(4) There were three oranges
    in the box.

(5) There are[There're]
    no restaurants near here.

(6) There are[There're]
    thirty students in this classroom.

解説

(5) There are not any restaurants near here.も
ほぼ同じ意味。

第12章 未来の文

26 未来の文①

トライ ➡本冊p.62

1 (1) We're, going, to

(2) She's, going, to

2 (1) Are you going to buy a souvenir
       tomorrow?

(2) I'm[I am] not going to eat *ramen*
    for lunch.

(3) What is she going to make?

(4) How long are they going to stay?

3 (1) Are they going to take a bus

(2) What time are you going to start
    the party

(3) I'm going to go to school by bus

解説

2 (4) 期間をたずねるときはhow longを使う。

チャレンジ ➡本冊p.63

(1) 私のおじが明日，来る予定です。

(2) 彼女はこの映画を見逃すつもりはありません。

(3) だれが歌うのですか。―― アキコです。

(4) She is[She's] going to play
    tennis tomorrow.

(5) It's going to be sunny soon.

(6) Where is he going to live?

解説

(1) be going toは，近い未来の確定した予定を表すこと
    がある。

くわしく！ 近い未来の予測を表すbe going to
.... チャート式シリーズ参考書 >> p.205

27 未来の文②

トライ ➡本冊p.64

1 (1) will, go (2) will, be[become]

(3) Will, he, he, will

2 (1) They will[They'll] stay here.

(2) It will[It'll] be hot.

(3) Will she leave soon?

(4) What will you do after lunch?

3 (1) I will try again

(2) Will Takako like this hat

(3) I'll go to a supermarket later

解説

willのあとの動詞は必ず原形にする。

くわしく！ willの用法 .... チャート式シリーズ参考書 >> p.209

チャレンジ ➡本冊p.65

(1) その問題は簡単ではないでしょう。

(2) 私はあとでゲームをします。

(3) 明日の天気はどうでしょうか。
    ―― 晴れでしょう。

(4) She will[She'll] be a great singer.

(5) My cousin will be twenty years old
    next month.

(6) **The concert will begin[start] soon.**

解説

(1) won'tはwill notの短縮形。

確認問題⑤ →本冊p.66

1 (1) is (2) won (3) studied (4) is
(5) visit

2 (1) There's (2) I'm, not, reading
(3) didn't, use (4) wasn't (5) They'll

3 (1) Yes, he did (2) Yes, they are
(3) Where did you buy
(4) How many cats are there
(5) How long are you going to stay

4 (1) 今日は雨が降っていません。
(2) 彼はよい運転士になるでしょう。
(3) 彼女は昨夜, 忙しかったです。
(4) 箱の中には何個のドーナツがあったのですか。
(5) あなたは昨日, 何をしましたか。
—— 私は博物館(美術館)に行きました。

5 (1) The old man had a farm
(2) I'm taking an English class
(3) He spent a lot of money
(4) There are many chairs there
(5) We are talking about our school
uniforms

6 (1) I'm[I am] waiting for a[the] bus.
(2) She knew my name.
(3) There was a station here.
(4) How will the weather be tomorrow?
—— It will[It'll] be cloudy.

解説

1 (4) waterは数えられない名詞なので, isとなる。

3 (5) How long will you stay も正解。

5 (4) There is[are] ～.のThereには「そこに」の意
味はないので, 文末にthereを置く。

6 (4) How is the weather going to be tomorrow?
—— It's going to be cloudy. でも正解。

第13章 接続詞

28 接続詞

トライ →本冊p.68

1 (1) and (2) but (3) So (4) or

2 (1) I have a cold, so I can't go.
(2) It was very hot yesterday, so
I swam in the pool.
(3) Mika and I are in Class B.
(4) Are you a doctor or a nurse?

3 (1) Go home and rest
(2) This sofa is small but comfortable
(3) Your car is old but cool

解説

2 (3) be動詞が are に変わることに注意。

3 (2) This sofa is comfortable but small. も正解。
(3) Your car is cool but old. も正解。

チャレンジ →本冊p.69

(1) 私はピアノを弾きますが, うまくはありません。
(2) このカメラを見て笑ってください。
(3) 今日は晴れているので, 出かけましょう。
(4) Aki, Emi[,] and I came to
school together.
(5) She is silent but kind.
(6) Is this yours or hers?
—— It is[It's] hers.

解説

(4) 3つ以上のものを結びつけるときは, 最後の語句の前
にandを置く。

第14章 注意すべき表現

29 What ～! / How ～!

トライ →本冊p.70

1 (1) How (2) What (3) What
(4) How, high (5) How (6) What
(7) How (8) What

2 (1) How interesting [it is]!
(2) What a great cook you are!

(3) He is unlucky.

(4) This question is difficult.

3 (1) What a hard practice

(2) What a funny name

(3) How beautiful this river is

解説

1 (4)疑問文の語順と混同しないよう注意。

くわしく！ 感嘆文の語順 ………… チャート式シリーズ参考書 ≫ p.230

チャレンジ ➡本冊p.71

(1) あなたはなんと親切なのでしょう。

(2) なんと高い木でしょう。

(3) その帽子はなんとかわいいのでしょう。

(4) How beautiful!

(5) What a cold day [it is]!

(6) What a strong player he is!

解説

(4)〜(6)の文末はピリオドではなく" ! "を使う。

30 want to 〜などの文

トライ ➡本冊p.72

1 (1) likes, to, run (2) need, to, go

(3) Don't, to, wash (4) Did, to, do

(5) What, want, to, drink

(6) to, meet[see]

2 (1) She wants to listen to music.

(2) I wanted to go to the library.

(3) Does he like to take pictures?

(4) She doesn't[does not] like to swim.

3 (1) He hopes to be a lawyer

(2) You need to buy a ticket

(3) What do you want to eat

解説

疑問文や否定文の作り方は，一般動詞の文と同じ。

チャレンジ ➡本冊p.73

(1)彼は何を言いたいのですか。

(2)私は病院へ行きたくありません。

(3) 私の母はスーパーで牛乳を買うのを忘れました。

(4) He tried to get up early in the morning.

(5) They like to have[eat] lunch in the park.

(6) She wants to know about kimonos.

解説

toのあとの動詞は主語や時制による変化がなく，原形となる。

くわしく！ 不定詞の使い方 ……… チャート式シリーズ参考書 ≫ p.231

31 look+形容詞

トライ ➡本冊p.74

1 (1) looks, angry (2) looks, like

(3) look (4) looked, hungry

(5) didn't, look (6) looks, like

(7) look (8) look, like

2 (1) He looks happy.

(2) She does not[doesn't] look sad.

(3) Does this eraser look like chocolate?

(4) What does the boat look like?

3 (1) Those eggs look like ping pong balls

(2) He doesn't look like a doctor

(3) This restaurant looks old

解説

1 (8)look like+人物→「その人物に似ている」

チャレンジ ➡本冊p.75

(1) 私の兄（弟）は高校生には見えません。

(2) その青い車は夜には黒に見えます。

(3) 彼女は若く見えます。

(4) He looked sleepy.

(5) They look like police officers.

(6) What does this book look like?
　　　—— It looks like a comic book.

解説

「〜に見える，〜のようだ」の「〜」に名詞が入っているときは，look likeを使う。

くわしく！ 見た目の様子を言う表現
………………………… チャート式シリーズ参考書 ≫ p.233

❶ (1) and　(2) so　(3) want　(4) buy
　(5) looks

❷ (1) gets, and, runs
　(2) watch, or, take
　(3) tried, to, make
　(4) wanted, to, eat[have]
　(5) looks　(6) How, you, are

❸ (1) No, it was not[wasn't]
　(2) Yes, we are
　(3) Where do you want to go
　(4) How was
　(5) What did he do

❹ (1) あの家は新しくてきれい（清潔）です。
　(2) 私は野球をしませんが，見るのは好きです。
　(3) 彼女は新しいことに挑戦したくありません。
　(4) これらのドーナツはボールのように見えます。
　(5) なんとすてきな歌でしょう。

❺ (1) That man looks kind
　(2) The clouds look like cotton candy
　(3) I bought and ate a hot dog there
　(4) How high you can jump
　(5) We need to use a computer

❻ (1) This game looks interesting.
　(2) How cute!
　(3) I have a dog and Mami has
　　 two cats.
　(4) I like to read books in[at]
　　 the library.

解説

❺ (3) I bought a hot dog and ate there. も正解。

❶ (1) likes　(2) Can　(3) What　(4) Which
　(5) is

❷ (1) There, no　(2) but, him
　(3) eat[have], breakfast
　(4) bought, some

　(5) Can, help, Sure
❸ (1) No, I don't[do not]　(2) Yes, I am
　(3) Where did you go
　(4) What does he want
　(5) How much
❹ (1) 起きなさい。
　(2) あなたは眠そうです。
　(3) もうすぐ雨が降りそうです
　(4) 彼はそのとき，台所で歌っていました。
　(5) あの女性はだれですか。
　　　── 彼女はミカです。
❺ (1) Are you an English teacher
　(2) I ate chocolate yesterday
　(3) They will come here soon
　(4) How cute the rabbit is
　(5) Why did he go out last night
❻ (1) I have a cold.
　(2) She will be[become] a good doctor.
　(3) Let's go by train.
　(4) Whose bag is this?
　　　── It is[It's] mine.

解説

❶ (1) 主語は she なので動詞には3単現の s が必要。
　(3) はっきりした時刻をたずねるときは，when ではなく what time を使う。
❷ (5) can を使って，相手に依頼する表現にする。Sure は OK や Yes でも正解。
❸ (5) 金額をたずねるときの表現。
❻ (3) 相手を誘うときの表現。by で交通手段を表す。